J'ai essayé de décrire certains traits de ce à quoi ressemble la vie morale, sans rien dire de ce à quoi elle doit ressembler. Nos pratiques sont exploratoires, et c'est en vérité seulement par leur exploration que nous en venons à une vision complète de ce que nous pensions, de ce que nous voulions dire.

Cora Diamond, *L'esprit réaliste*

Les deux morales

DANS LA MÊME COLLECTION

Richard MORAN, *Autorité et aliénation. Essai sur la connaissance de soi*, 2013.

Roberto FREGA, *Les sources sociales de la normativité*, 2013.

Piergiorgio DONATELLI, *Manières d'être humain. Une autre philosophie morale*, 2014.

Estelle FERRARESE, *Éthique et politique de l'espace public. Jürgen Habermas et la discussion*, 2015.

Soumaya MESTIRI, *Décoloniser le féminisme. Une approche transculturelle*, 2016.

Patrick PHARO, *La belle vie dorée sur tranche*, 2017.

Hugo CLÉMOT, *Cinéthique*, 2018.

DU MÊME AUTEUR

Questions Juives, Bordeaux, Osiris, 1988.

La philosophie allemande dans la pensée juive (dir.), Paris, P.U.F., 1998.

Dictionnaire critique du marxisme, Paris, P.U.F., 1999.

Franz Rosenzweig. Existence et philosophie, Paris, P.U.F., 2000.

Le temps messianique. Temps historique et temps vécu, Paris, Vrin, 2001.

Moses Hess, la philosophie, le socialisme, Paris, P.U.F., 2004.

Qu'est-ce que la philosophie juive ?, Paris, Desclée de Brouwer, 2004.

Heidegger. Le danger et la promesse (avec J. Cohen), Paris, Kimé, 2006.

Marx le sortant, Paris, Hermann, 2007.

Ethique et expérience. Levinas politique, La Phocide, 2008.

Dans la forme du monde. Sur Franz Rosenzweig, Paris, Hermann, 2009.

L'impatience des langues (avec D. Cohen-Levinas), Paris, Hermann, 2010 .

Les équivoques de l'éthique (éd. bilingue avec F. Bernardo), Porto, Fondaçao, 2014.

Les Âges du monde de Schelling. Une traduction de l'absolu, Paris, Vrin, 2015.

L'héritage de Schelling / Das Erbe Schellings (avec L. Hühn et P. Schwab), Karl Alber Verlag, Freiburg-München, 2015.

L'écriture de l'involontaire. Philosophie de Proust, Paris, Garnier, 2019.

Être heureux ? Ce qui dépend de nous et ce qui n'en dépend pas, Paris-Milan, Mimésis, 2019.

GÉRARD BENSUSSAN

Les deux morales

La vie morale

VRIN

Directrice de collection :
Sandra Laugier

Imprimé en France
ISSN 2272-3781
ISBN 978-2-7116-2866-7
www.vrin.fr

La morale détermine un vaste champ de positions et de pratiques, si vaste qu'il est inévitablement encombré de confusions et de malentendus sans nombre. Elle se présente à nous au demeurant comme une très vieille question, inscrite au cœur de nos préoccupations tant personnelles que politiques, aussi bien privées que publiques. Si l'on veut tenter d'en poser le problème et d'en exposer la difficulté dans le contexte et la situation qui sont aujourd'hui les nôtres, quitte à en élargir ensuite les perspectives, on sera frappé par un étrange paradoxe, une ambivalence profonde.

D'un côté, il importe au plus haut point de ne jamais être dupe de la morale, incontournable injonction post-nietzschéenne qu'un penseur comme Levinas dispose comme un portique à l'entrée de sa première grande œuvre « éthique », *Totalité et infini*. Nous sommes tous post-nietzschéens sous cet aspect – et la plus sotte des bévues, la plus impardonnable des fautes, serait de se laisser aller à la tentation moralisante, de tomber naïvement dans la plus niaise des moralines, d'en adopter incorrigiblement la langue, ce qui se ferait toujours à l'insu même de qui prêche, sermonne ou fait la leçon, quoi qu'il en ait. Cette louable lucidité, ce déniaisage tous azimuts, s'accompagne cependant, et il me semble qu'on ne l'aperçoit pas toujours, d'une omniprésence sociale, politique, culturelle d'injonctions morales multiples et abondantes dont les hommes politiques, moralement abominés (mais ils ne sont pas les seuls), sont aujourd'hui les destinataires privilégiés et les victimes toutes désignées, bien que souvent consentantes. Ces commandements vertueux, dont je ne conteste nullement qu'ils soient parfaitement recommandables en telle ou telle situation, obéissent à des normes rigoristes impérieuses et parfois menaçantes – qu'il s'agisse, par exemple, d'usage des fonds publics, de fraude fiscale, de conduite de sa vie privée, de vérité proclamée et de mensonge dissimulé, de promesses non tenues, bref de toutes les prises en faute morale auxquelles prêtent le flanc les hommes publics au sens le plus étendu du terme.

Dégrisement moral blasé, voire hautain ou un brin cynique, et rappel incessant d'un code moral intransigeant ou même obsessif font ainsi aujourd'hui très bon ménage. Ils semblent à tout le moins coexister sans jamais s'entraver l'un l'autre, s'entre-limiter ou s'entre-questionner. Plutôt que d'y voir un vice d'époque et de se laisser aller à une imprécation stérile, il faut noter que ce voisinage d'une apparente lucidité extra-morale et d'un moralisme débridé recouvre certainement une profonde ambivalence portée par le questionnement moral lui-même, peut-être de façon structurelle, inhérente.

UN CHIASME

À partir de cette simple supposition, qu'il me reste à circonscrire et à décrire, je vais tenter d'introduire mon propos par le biais d'un chiasme, c'est-à-dire par l'articulation en une question de deux couples de termes qui forment le X, ou la croix, de deux interrogations et de deux perplexités préliminaires : éthique – morale / raison – affect.

Quelle est la teneur de la première question ? Il s'agit pour commencer de savoir s'il est impérativement requis, dès lors qu'on s'interroge sur la morale, de la penser, ou non, en son rapport à l'altérité d'autrui comme à sa condition de possibilité et à son coefficient d'effectivité. Il semble a priori que oui, chacun en conviendra sans peine : qui dit morale dit mode de rapports avec les autres en général, règles, prescriptions, normes, mœurs bien sûr, selon l'étymologie même du mot. Ces mœurs dont la morale tire son nom ne prennent sens que dans la relation interpersonnelle ou intersubjective, dans l'être-avec-autrui, ou encore dans l'être-ensemble – par où s'ouvrira le rapport entre morale et politique et la question du passage, ou non, de l'une à l'autre. Une première considération donc : s'il ne saurait y avoir de morale que dans une relation avec l'altérité des autres hommes, relation qui m'oblige et qui, d'emblée, secondarise sous sa primauté tout autre motif de l'action, lequel ne pourra alors qu'apparaître « égoïste », a-t-on affaire à un simple présupposé qu'il conviendrait peut-être d'infirmer ou en tout cas de tempérer dans la perspective de ce qu'on pourrait appeler, pour faire contre-point, une éthique de soi ? Ou bien, au fil d'une réflexion sur la morale, le constat s'imposera-t-il sans conteste que, davantage qu'à un présupposé indéterminé, on aurait là une précondition impérative de toute morale ? Précondition qu'il faudrait alors soumettre à l'hypothèse radicale de la fin des autres, de leur anéantissement, un peu comme fait Husserl à propos du monde : s'il n'y avait plus aucun autre, si j'étais seul au monde comme sur une île déserte, une morale serait-elle encore requise, pensable, consistante ?

J'ajoute une remarque. C'est sur le fond de cette question que s'enlève la différence rebattue, mais pour de bonnes raisons, entre morale, qui renverrait aux autres et également à une action morale envers les autres, et éthique, qui rapporterait à soi-même et aussi au souci de soi du sujet. Si ce contraste a quelque validité, peut-on aller jusqu'à dire que pour penser une éthique de soi telle que je viens d'en déterminer le sens, il faille nécessairement le faire sans les autres, en tout cas *avant* les autres, charité bien ordonnée commençant par soi-même, comme dit l'adage et comme le suggère le bon sens ? Ce point est décisif. Il fournit l'indication d'une voie que je vais essayer de suivre, le signe d'un problème de fond, à savoir la question de l'autre, empirique ou non-empirique, de son statut, de sa présence, de sa grande ombre, dans la détermination des questionnements moraux. Ainsi la différence éthique/morale excède considérablement le simple besoin de clarification terminologique, à quoi elle se trouve souvent réduite. On remarquera d'ailleurs en passant que Levinas pense, lui, une éthique doublement surdéterminée : 1) en lui assignant une place bien plus ancienne que toute morale normative ou prescriptive ; 2) en la rapportant au sujet, à la structure de la subjectivité, tout entière aimantée par la responsabilité extrême pour l'autre, depuis le visage qui la commande. Double embrouillement où l'on voit l'éthique signifier un arrachement préalable à tout souci de soi. C'est assez dire à quel point les usages terminologiques sont peu sûrs en ces matières.

On peut néanmoins les rappeler, au moins pour mieux comprendre l'imbroglio où ils sont pris, et pas seulement pour le pire. « Morale » vient de la traduction par Cicéron du *ta èthica* grec vers le latin *philosophia moralis*. Les deux mots veulent donc dire la même chose en deux langues différentes : cette même chose, c'est ce qui a rapport aux mœurs (*mores*), au caractère (*ethos*), aux comportements des hommes et plus particulièrement aux règles de conduite qui les régissent et aux justifications qui les autorisent.

En 1990, Ricœur a tracé dans cette relative indifférence des deux termes une ligne de démarcation. Je cite les premiers mots du texte intitulé « Éthique et morale », dont la clarté et la concision pourraient cependant s'avérer trompeuses : « c'est par convention que je réserverai le terme d'"éthique" pour la visée d'une vie accomplie sous le signe des actions estimées bonnes, et celui de "morale" pour le côté obligatoire, marqué par des normes, des obligations, des interdictions caractérisées à la fois par une exigence d'universalité et par un effet de contrainte. On reconnaîtra aisément dans la distinction entre visée de la vie bonne et obéissance aux normes l'opposition entre deux héritages : l'héritage aristotélicien, où l'éthique est caractérisée par sa perspective téléologique (de *telos*, signifiant "fin") ; et un héritage kantien, où la morale est définie par le caractère d'obligation de la norme, donc par un point de vue déontologique (déontologique signifiant précisément "devoir") »[1].

Je reviendrai tout au long des analyses déployées dans ce livre sur ce que Ricœur engage, à la suite de cette distinction, au sujet de ce qu'il nomme « la primauté de l'éthique sur la morale ». Pour l'instant, je retiens l'idée, forte, de la convention. Selon la proposition ricœurienne, *éthique* devrait déterminer la réflexion rationnelle statuant sur l'appréciation des comportements ; et *morale* embrasserait lois, normes, impératifs, soit l'ensemble des prescriptions socialement ou culturellement admises. On peut bien souscrire à cette démarcation et tâcher d'en rapporter les contenus à l'histoire de la philosophie morale. Mais, comme Ricœur le dit avec prudence, elle est de pure convention. Et une convention souffre évidemment exceptions, inversions, contre-points et contre-conventions. J'ai mentionné l'« éthique » lévinassienne : elle ne relève ni de l'éthique conventionnelle, ni de la morale conventionnelle, elle échappe tout bonnement à la distinction formelle proposée par Ricœur. D'autres auteurs, que j'aurai à évoquer plus particulièrement, utilisent indifféremment les deux

1. P. Ricœur, *Soi-même comme un autre*, Paris, Seuil, 1990, p. 202.

termes, fidèles à l'indistinction étymologique rappelée plus haut, Schopenhauer par exemple dans *Le fondement de la morale*.

L'allemand dispose lui aussi de deux termes différents, *moralisch* qui vient directement du latin et *sittlich, die Sitten* signifiant les mœurs, l'éthicité, la « vie éthique » comme on a parfois traduit la *Sittlichkeit* hégélienne. Les deux mots allemands et leurs pendants substantifs *Moralität* et *Sittlichkeit* ont à peu près le même sens dans la langue courante, morale ou bien éthique, tout comme dans le passage du grec au latin. Hegel les différencie, comme on sait, dans sa *Philosophie du droit*. La *Sittlichkeit* relève les deux moments qui la précèdent : le droit abstrait ou formel, d'une part, la chose immédiate, extérieure, familiale, et la *Moralität* d'autre part, la morale comme devoir-être, l'un et l'autre retraversés par l'éthicité, de la famille à l'État. Kant n'utilise le plus souvent que *Moralität*, dont le concept semble du coup répondre à la place structurelle qui lui est assignée par la philosophie hégélienne du droit. Schopenhauer en revanche, revient à l'indistinction kantienne, et plus en amont encore gréco-latine, en privilégiant de façon délibérée *moralisch* afin de se démarquer du « chauvinisme germain » ou encore de « la mode », c'est-à-dire de Hegel : « il y a bien les mots maintenant à la mode de *sittlich* et *unsittlich*, mais c'est là un mauvais synonyme pour *moralisch* et *unmoralisch*… Pas de concession au chauvinisme germain ! »[1].

Ces querelles de mots n'en sont pas, on le verra mieux en fin de parcours et on comprendra pourquoi. Ou plutôt elles sont par elles-mêmes hautement symptômatiques. On peut par convention faire le choix qu'on voudra et emplir « morale » ou bien « éthique » des contenus distinctifs qu'on aura définis pour les besoins de sa cause. Je serai bien plutôt attentif à ce qui s'avérera comme une contrainte langagière très singulière : quelles que soient les déterminations qu'on y loge en effet, dès lors qu'on dit « morale » (ou « éthique »), les significations se dédoublent, un écart se marque, la morale

1. A. Schopenhauer, *Le fondement de la morale*, trad. fr. A. Burdeau, Paris, Livre de Poche, 1991, p. 141.

se laisse considérer depuis un site en surplomb méta-moral. Elle semble appeler tout à la fois à sa défection, moralement impérieuse, et à sa réfection, extra- ou post-morale, d'un même mouvement parfois. Il s'agit donc moins de distinguer, limiter et définir que de se demander pourquoi l'usage même de « morale » ou d'« éthique » implique une remarquable sédimentation de sens, un pas de côté, des écarts de langage.

Le second clivage qui forme l'autre barre de mon chiasme cruciforme balisera continûment le chemin où je m'engage. Il s'agit de la question du *motif sensible*, pour le dire dans les termes de Kant, lequel impose d'emblée ses prémices dès lors que s'amorce une réflexion sur la morale, quitte à les révoquer en doute ultérieurement pour revenir en deçà d'elles-mêmes, et en amont de la morale kantienne. Une morale et/ou une éthique peut-elle être effective sans être affective, « sensitive » comme dit Rousseau[1] ? Peut-on, doit-on fonder la morale sur la raison seule – ce qui constitue la position de fond de Kant et du kantisme – ou bien doit-elle plutôt procéder d'un sentiment ?

Schopenhauer relève que Kant établit une identité stricte entre l'acte moral et l'acte raisonnable. Or, ajoute-t-il, chacun sait très bien que ce sont deux domaines absolument différents. Il n'y a que Kant pour penser que la vertu est strictement homologue voire identique à la raison – extravagance dont le ressort ultime ne serait rien que la religion, le prêche, le sermon. La raison peut bien fonder les savoirs scientifiques, mais on ne voit pas, explique Schopenhauer, pourquoi elle serait du même coup habilitée à fonder la morale. La morale ne peut être déterminée que selon des affects, des sentiments, c'est-à-dire selon l'expérience. Pour prendre acte de cette hétérogénéité dont Kant ne veut rien savoir, il suffit de constater dans la longue durée de l'histoire qu'un acte commandé par la raison n'est pas

1. « La Morale sensitive ou le Matérialisme du sage », tel était le titre d'un ouvrage projeté et disséminé dans l'œuvre plutôt qu'abandonné, *cf.* J.-J. Rousseau, *Confessions*, livre neuvième, « Bibliothèque de la Pléiade », Paris, Gallimard, 1951, p. 401 (*cf.* également la note écrite au dos de la carte à jouer n° 27 dans *Les rêveries du promeneur solitaire*, Paris, Livre de poche, 1965, p. 207).

forcément et par lui-même moral. La raison peut s'allier au mal – peut-être même est-ce sa vocation profondément faustienne. À tout le moins, elle peut se faire raison instrumentale et donc servir des passions, alors qu'on croit qu'elle les maîtrise. L'optimisation est sans doute la forme privilégiée de cette rationalité instrumentale. Les hommes s'efforcent habituellement de trouver le meilleur moyen de satisfaire rationnellement leurs passions, en quelque sorte. Et s'ils recherchent ainsi des modes rationnels d'adaptation à la réalité, ils le font évidemment sans aucune intention morale. À l'inverse, tel acte peut très bien être moral et par ailleurs déraisonnable : « un homme peut avoir une conduite fort raisonnable, donc réfléchie, circonspecte, conséquente, bien ordonnée, méthodique, tout en suivant les maximes les plus injustes… Kant est le seul à dire que… l'être vertueux et l'être raisonnable ne font pas deux… Raisonnable et vicieux sont mots qui peuvent fort bien aller ensemble… De même la déraison et la générosité peuvent bien aller de pair… »[1]. Schopenhauer donne l'exemple d'une charité exagérée, d'un don de soi si excessif qu'il peut finir par me plonger moi-même dans la misère et la détresse. Ici comme en un certain nombre d'autres occurrences du *Fondement*, il semble préfigurer de façon tout empirique, et sans jamais le thématiser, le motif lévinassien du caractère pré-rationnel, pré-ontologique, de l'éthique de la réponse précédant la « présence d'esprit ».

La question que pose ici Schopenhauer, au-delà de l'indispensable distinction de la vertu morale et de l'être raisonnable, est bien celle de l'originarité même de la raison dans la genèse de la loi morale. Contre Kant, Schopenhauer se réclame ici de Rousseau, notamment à la fin du § 19 du *Fondement* où il le cite abondamment, ce qui ne manque pas de sel, d'une part en raison de l'affiliation kantienne à un certain Rousseau et d'autre part et surtout si l'on se souvient des imputations de platitude et de moralisme protestant dont est accablé l'auteur de l'*Émile* dans le *Monde comme volonté et représentation*. Dans les développements du *Fondement* en tout cas, Schopenhauer

1. A. Schopenhauer, *Le fondement de la morale*, chap. II, § 6, *op. cit.*, p. 82-83.

retrouve à la lettre la doctrine rousseauiste de la pitié qu'il met clairement au fondement de la morale. Mais l'essentiel se tient dans la question de savoir si la raison est suffisamment originaire pour pouvoir assurer l'effectivité d'une conduite morale ou si elle n'est que seconde, dérivée de ce qui serait bien plus ancien qu'elle, le *sentiment* ou l'*affect*. Je me rapporte à un seul et unique mot allemand, *Gefühl*, ayant déjà en vue, à l'autre bout du post-kantisme, aussi bien Nietzsche et son sentiment de la puissance (*Machtgefühl*) que Wittgenstein, très schopenhauerien, évoquant la force d'un sentiment de la vie ou du monde (*Lebensgefühl*, *Weltgefühl*). Cette succession hétéroclite de noms et de pensées, sur lesquels je reviendrai, ne vise pour l'instant qu'à poser une seule et unique question : est-il possible ou non de dériver des positions morales universelles depuis des émotions, des positions « subjectives », depuis un sentiment ? Peut-on sérieusement comprendre la morale et les nombreuses questions qui s'y rattachent à partir d'une autonomie de la raison antérieure aux jugements subjectifs et strictement non-dépendante de ces jugements ?

Rousseau est certainement celui qui se tient au commencement d'un long chemin – même si une place éminente revient aussi à la doctrine anglaise, ou plutôt écossaise, des *sentiments moraux*[1]. Ce qui m'intéresse et qui innerve la critique schopenhauerienne de la déontologie kantienne, c'est la position originaire de ce que Rousseau appelle « le sentiment d'exister », père du sentiment de la vie ou de la puissance. Ce *concept*, car c'est bien de cela qu'il s'agit, est notamment avancé avec une grande force au tout début de l'*Émile*, lorsqu'est décrit ce dont il y va avec l'éducation, soit non pas d'un savoir, mais d'un apprendre – apprendre le « métier de vivre » par l'étude et l'observation de la « condition humaine » car « vivre, ce n'est pas respirer, c'est agir ; c'est faire usage de nos

1. Adam Smith est l'auteur d'une *Théorie des sentiments moraux* (1759). Citons également Shaftesbury, Hutcheson, Hume aussi. La comparaison entre la sympathie chez Adam Smith et la pitié chez Rousseau (parfois associées, parfois opposées, sous l'aspect de leur fonction de socialisation et de leur extension universelle) est du plus haut intérêt mais je la laisse ici entièrement de côté.

organes, de nos sens, de nos facultés, de toutes les parties de nous-mêmes qui nous donnent le sentiment de notre existence. L'homme qui a le plus vécu n'est pas celui qui a compté le plus d'années, mais celui qui a le plus senti la vie »[1]. Ce sentiment d'exister, maintes fois affirmé dans l'œuvre, inaugure toute une lignée (pas un courant, une lignée) de pensées contemporaines. Il faut l'entendre au sens le plus fort, « sentir la vie », de même qu'il faut comprendre exister et existence dans leur plus grande amplitude. Sans ce sentiment d'exister, il n'y aurait plus d'espèce humaine. La raison seule n'aurait jamais empêché l'humanité de péricliter et de disparaître : « quoi qu'il puisse appartenir à Socrate et aux esprits de sa trempe d'acquérir de la vertu par raison, il y a longtemps que le genre humain ne serait plus si sa conservation n'eût dépendu que des raisonnements de ceux qui le composent »[2]. La « répugnance innée à voir souffrir son semblable » d'où « découlent toutes les vertus sociales, la générosité, la clémence, l'humanité » constitue un « principe antérieur à la raison »[3]. C'est bien d'une construction conceptuelle forte qu'il s'agit ici. En tant qu'elle précède la réflexion et le raisonnement, la pitié a naturellement vocation à fonder la morale ou encore, plus médiatement, à moraliser ou socialiser les jeunes âmes par l'éducation, depuis ce noyau insécable qu'est le sentiment de l'existence, le « sentir la vie ». C'est qu'elle procède entièrement de l'amour de soi, « passion primitive, innée, antérieure à toute autre, et dont toutes les autres ne sont en un sens que des modifications »[4]. Pitié / conservation de soi / amour de soi – morale, voilà la juste concaténation selon Rousseau. Dans ce séquençage de

1. J.-J. Rousseau, *Émile ou De l'éducation*, Paris, Classiques Garnier, 1964 (dorénavant *Émile*), p. 13.

2. J.-J. Rousseau, *Discours sur l'inégalité*, dans *Œuvres complètes*, Paris, Seuil, 1971, vol. 2, p. 225 ; car « l'entendement humain doit beaucoup aux passions » (*ibid.*, p. 218).

3. *Ibid.*, p. 210. *Cf.* également les développements de l'*Émile*, p. 261 *sq.*, au livre 4, où sont exposées les « trois maximes » de la pitié.

4. *Émile*, p. 247, dans sa différence avec l'amour-propre (p. 249) et jusqu'à une sorte de cynisme qui fait dériver l'amour des hommes lui-même de cet amour de soi hyperoriginaire (p. 279).

la morale, la raison tient son rôle : elle intercède entre les mœurs et les lois, elle ouvre à la question du rapport entre morale et politique, nous le verrons. Si elle a sa part, elle vient après. Elle n'a nulle vertu existentielle, elle est étrangère à ce sentiment d'exister dans quoi s'enracine la morale dont on se dit du coup qu'elle ne saurait se réduire à cette figure anémiée qu'un certain nietzschéisme y soupçonne, mais pas le Nietzsche du sentiment de la puissance.

Notre chiasme gagne en densité. Placer la pitié au fondement de la morale implique de toute évidence que la morale est elle-même déterminée par l'altérité, puisque la compassion est en tout état de cause compassion devant autrui, même si elle conforte le soi compassionnel. C'est la déduction que tire Schopenhauer au § 16 du *Fondement*, paragraphe capital parce qu'il entend démontrer que le « criterium de l'acte qui a une valeur morale » dépend entièrement de « l'effet produit sur autrui; c'est seulement par rapport à autrui que [l'action] peut avoir une valeur morale »[1], si bien que toute « éthique de soi » est radicalement révoquée en doute, non dans sa possibilité existentielle mais dans sa valeur proprement morale. Deuxièmement, si la morale s'enracine dans un sentiment d'exister que Rousseau et Schopenhauer rattachent à la pitié ou à la compassion, l'idée même de loi morale perd toute signification. La morale kantienne est donc fondée sur une pétition de principe selon laquelle, et sans que cela ne fût jamais démontré, la morale devrait être articulée par une loi fondée a priori, une loi nécessaire et universelle. Or cette loi, on pourrait bien à la rigueur la déduire, mais sûrement pas la poser comme un fondement. D'ailleurs, ajoute Schopenhauer, si la loi morale était a priori, c'est-à-dire nécessaire, elle serait du même coup pleinement effective. Elle ne pourrait pas ne pas être – alors qu'elle *doit* être, selon Kant, ce qui est tout autre chose, on va le voir.

1. A. Schopenhauer, *Le fondement de la morale*, *op. cit.*, p. 153.

SITUATION DE KANT

Reprenons les termes du chiasme : a) les autres sont-ils la condition impérative de toute morale ou bien peut-on penser une morale sans autre, une éthique de soi ? À l'horizon de cette alternative se profile le contraste entre l'identité de la vertu et du bonheur (Aristote) ou bien leur séparation sans retour (Kant)[1] ; b) la morale, les conduites bonnes, les actions vertueuses sont-elles mues par un affect, un sentiment, un motif inscrit et enraciné dans la sensibilité ou bien au contraire ne peut-il y avoir de véritable action morale que sous la condition de son identité avec l'acte raisonnable, c'est-à-dire à la seule condition que l'acte moral soit fondé en raison ?

J'ai fait défiler une succession de penseurs, de noms propres et de positions de fond, dans une suite de thèses qui esquissait aussi quelque chose comme un très vaste, trop vaste programme de travail – de Rousseau à Wittgenstein. Dans cette série sommairement articulée, on voit d'emblée que Kant constitue un point carrefour. En amont de lui (les moralistes écossais, Rousseau) comme en aval (Schopenhauer, Nietzsche, Wittgenstein, Levinas aussi, tout autrement), le statut de l'*affect*, de la compassion, de la pitié, du sentiment de l'existence, du *sentiment* de la *vie* ou de la *puissance*, la question de la *sensibilité* sont déterminants dans la position même de la morale ou de l'éthique. Par un très fort contraste, la philosophie morale kantienne est comme un bloc d'absolu dressé dans ce paysage, tout à la fois singulier, et même « extravagant », et devenu pourtant quasi-synonyme de morale tout court, ou même de moralisme, au sens au moins de ce que Hegel appelle *Moralität*,

1. Ricœur thématise cette différence comme celle de l'éthique et de la morale, on l'a vu. Schopenhauer l'explicite autrement : « l'éthique des Anciens était une doctrine du bonheur… quant aux Modernes, ce n'était plus par un rapport d'*identité* mais de *causalité* qu'ils entendaient les relier » (A. Schopenhauer, *Fondement de la morale*, chap. II, § 3, *op. cit.*, p. 41).

moralité subjective opposée à la *Sittlichkeit*, à la moralité objective, la vie éthique, l'éthicité.

Cette situation extrêmement paradoxale de Kant l'aura exposé à deux types de critiques exclusives, voire contradictoires. Selon une première ligne argumentative, la morale kantienne, par l'appauvrissement légaliste qu'elle ferait subir à l'éthique en la réduisant à la raison subjective, perdrait toute référence à la nature, elle méconnaîtrait les situations réelles, l'histoire, la vérité des choses en quelque sorte. Cette critique *du point de vue de la nature* tentera de trouver ses antidotes du côté d'Aristote. Elle n'a pas empêché une autre critique de la légalité morale kantienne, chez Nietzsche en particulier, *du point de vue de l'individu* cette fois. La pureté rationnelle des principes moraux ne serait que le déguisement d'une instance autoritaire vouée à brider ou tout au moins à réguler l'individualité sensible dans son expansion vivante – une feinte en quelque sorte qui ne ferait que restaurer philosophiquement le vieil ascétisme religieux et la vieille théologie « judéo-chrétienne ».

La double critique que je viens de mentionner (la moralité subjective contre la vie éthique / la personnalité morale contre l'individualité sensible) est activée depuis le conflit entre devoir et inclination comme motif de l'action bonne, et à partir de l'identification supposée intenable entre être raisonnable et action morale. La volonté moralement bonne est identique en effet, chez Kant, à la raison dont tout acte moral émane (à quelle *raison* ? à quel type de raison ? question suspendue pour l'instant). Est moral ce qui est fondé a priori dans la législation propre à la conscience douée de volonté rationnelle, c'est-à-dire autonome.

Cette position classiquement kantienne, je l'expliquerai à partir du respect.

Il faut commencer par indiquer, historiquement, que Kant est loin d'y être parvenu immédiatement. Dans toute sa période précritique, il a traversé et successivement adopté des positions très différentes de celle de sa philosophie pratique. Il tient d'abord une position rationaliste-métaphysique, inspirée de Leibniz tel que l'enseignait alors Wolff. La volonté coïncide rigoureusement avec le principe de raison suffisante. Toute morale se trouve rapportée à un principe de perfectionnement de l'homme, au développement harmonieux de sa nature propre. Agir moralement, c'est donc agir conformément à ce principe ontologique de perfectionnement révélé par notre intelligence. Tout est pour le mieux dans le meilleur des mondes moraux. Morale et métaphysique, devoir-être et être, sont ontologiquement reliés.

Dès 1764, dans la *Recherche sur l'évidence des principes de la théologie naturelle et de la morale* ou encore les *Observations sur le sentiment du beau et du sublime*, Kant commence à suspecter cette conception théorétique de la morale. Le rationalisme dogmatique qui consiste à poser que l'ordre et le régime réels sont le même que l'ordre et le régime logiques doit être critiqué, c'est-à-dire limité et inscrit dans les différences qui le constituent. Kant rompt avec *ce* rationalisme, ce qui suppose que le rationalisme kantien est d'une autre nature, qu'il fait travailler une autre raison, ou la même tout autrement, c'est-à-dire en se rendant extrêmement attentif à ce que Rousseau nomme ses différentes « formes »[1]. Cette rupture s'effectue grâce à la lecture des moralistes anglo-écossais et, surtout, de l'auteur des *Confessions*.

Kant change de cap. Toute une série d'opuscules dits *précritiques*[2], mais qui contiennent bien souvent des éléments qu'on dira après-coup *critiques*, en portent témoignage. Il paraît se placer désormais sur la position des philosophies du sentiment moral. Par différence avec la métaphysique wolffiano-leibnizienne, il considère que les hommes, dès lors qu'il y va des mœurs, de la morale et du bonheur, *savent* par eux-mêmes, par leur intelligence naturelle commune, ce qu'ils ont à faire, même s'ils ne le font pas toujours. L'influence de Rousseau, et de la méfiance si souvent marquée par lui à l'endroit de la philosophie « qui n'admet que ce

1. *Émile*, livre quatrième, p. 404.

2. C'est-à-dire, en gros antérieurs à 1781 (*Critique de la raison pure*). Les trois grands textes de la philosophie pratique kantienne auxquels je me rapporterai ici sont les *Fondements de la métaphysique des mœurs* (1785), la *Critique de la raison pratique* (1788) et la *Métaphysique des mœurs* (1797).

qu'elle explique »[1], du « jargon de la métaphysique »[2], de la raison raisonnante[3], ou d'une pensée déliée de tout sentir[4], est patente. Si la morale est un sentiment, c'est donc qu'elle est comme déposée dans la conscience morale, dans son autonomie, au moins psychologique ou anthropologique, et non plus imputable à un fondement externe. L'homme trouve en lui-même, sans avoir besoin des secours de la métaphysique dogmatique, la mesure nécessaire et suffisante du bien, la vertu même en tant qu'elle est immanente à sa conscience morale.

Je n'entre ici que grossièrement dans l'exposition de cette évolution kantienne car je ne m'y arrête que pour indiquer que Kant a testé, en quelque sorte, ce qu'il destituera radicalement dans sa philosophie pratique, à savoir que le devoir, ou l'obligation, ne doit pas être recherché, quant à son principe, dans la nature humaine ou dans des circonstances particulières, dans la situation où tel homme se trouve placé dans le monde – mais a priori c'est-à-dire dans les seuls concepts de la raison pure pratique.

Une conclusion : lorsque Kant s'est mis en peine de « réconcilier » la morale et la raison en fondant la première sur la seconde, lorsqu'il a entrepris de sortir de toute philosophie des sentiments moraux, lorsqu'il résolut de quêter un principe intelligible de la morale, ce n'est évidemment pas pour revenir à la vieille métaphysique dogmatique, laquelle postulait déjà cette identité des deux termes. Son geste, au vu de la puissance considérable des philosophies du sentiment de la moralité, l'obligeait à inventer un usage de la raison différent de son usage théorique, un usage *pratique* permettant de relier la moralité à une loi de raison qui puisse conférer à la conscience de mes obligations universalité et nécessité, lesquelles, selon Kant, font gravement défaut aux théories empiriques anglaises

1. *Émile*, p. 348.

2. *Ibid.*, p. 331 ; *cf.* également p. 322-323.

3. *Ibid.*, p. 398 : « La seule raison n'est point active … Toujours raisonner est la manie des petits esprits ».

4. *Ibid.*, p. 355 : « À certains égards, les idées sont des sentiments et les sentiments sont des idées » ; *cf.* également p. 338, p. 328, p. 309, p. 353, etc.

du sentiment moral. La critique kantienne, c'est donc premièrement *une réforme de la rationalité*, une refondation de la raison. Elle implique par conséquent, stricto sensu, *une critique de la morale* dominante, laquelle demeure massivement enracinée dans la pitié, le penchant naturel ou la recherche du bonheur.

Il convient de re-présenter la pensée kantienne de la question morale, dans sa vérité subtile, ambivalente, si complexe qu'elle a souvent été caricaturée et peut-être parfois à bon droit. Eu égard au différend fondamental sur l'enracinement de la morale dans la raison ou bien dans la sensibilité, j'y entrerai par le biais particulier du *respect*. Pourquoi ?

LE RESPECT, UN SENTIMENT MORAL

Parce que le respect est un sentiment, dit Kant. Voilà un propos qui paraîtra confus ou incohérent au vu de ce que je viens de décrire de la trajectoire kantienne. Un sentiment est quelque chose de purement subjectif, qui ne se rapporte à aucun objet et ne fait qu'exprimer une condition, un état, une situation du sujet. Le sentiment n'a donc, en principe, rien à voir avec la connaissance ni avec la moralité. Il ne peut valoir qu'en esthétique. Or le respect est un chaînon majeur de la morale qui nous enjoint de faire le bien par devoir, soit selon la nécessité d'accomplir telle ou telle action par « respect pour la loi » [1], et non par inclination. Si le respect est un sentiment, ce qui ne va pas de soi pour l'instant, il faut alors qu'il soit un sentiment d'un genre très particulier. Il est, explique Kant, le seul et unique *sentiment moral*, ce qui résonne comme un troublant oxymore. Kant ajoute d'ailleurs, à la lettre, que c'est un *fait* que la raison peut influencer la sensibilité, par le respect, et que ce fait est inconcevable, tout comme est un fait la réalité objective de la loi morale. Mais alors que peut bien désigner la factualité de ce « sentiment moral » ? S'agissant du respect, cela signifie que c'est le seul sentiment à avoir un contenu rationnel. Sa nature est donc relativement ambivalente et c'est ce qui fait son intérêt, sa richesse propre, puisque nous nous orientons là vers l'une des bifurcations décisives de notre chiasme.

Reprenons Kant en son extraordinaire ambiguïté. Le respect est un sentiment, soit. Mais c'est un bien curieux sentiment puisqu'il n'a pas pour origine la sensibilité. La sensibilité est pour Kant la source de toutes les inclinations, de tous les motifs qui s'ancrent dans la faculté de désirer. Or l'action morale au sens kantien,

1. E. Kant, *Fondements de la métaphysique des mœurs*, trad. fr. V. Delbos, intro. et notes A. Philonenko, Paris, Vrin, 2008, réédition 2015 (dorénavant *FMM*), p. 93 ; AK IV, 400.

l'action accomplie par devoir, se reconnaît à ce qu'elle est exempte de tout motif sensible. Ce point décisif, que Schopenhauer qualifie d'« idée de pédant sans délicatesse qui se met à moraliser », idée qui représente l'« apothéose de l'insensibilité » [1], est bien connu. Il faut le garder résolument en tête pour poursuivre : « si la nature avait mis au cœur de tel ou tel peu de sympathie, si tel homme (honnête du reste) était froid par tempérament et indifférent aux souffrances d'autrui [...], ne trouverait-il pas encore en lui de quoi se donner à lui-même une valeur bien supérieure à celle que peut avoir un tempérament naturellement bienveillant ? À coup sûr ! Et c'est ici précisément qu'apparaît la valeur du caractère, valeur morale et incomparablement la plus haute, qui vient de ce qu'il fait le bien, non par inclination, mais par devoir » [2]. Si le respect n'a pas son origine dans la sensibilité, bien qu'il soit un sentiment, serait-il alors « *reçu* par influence » ? Pas du tout, il est « *spontanément produit* par un concept de la raison » [3]. L'origine de cet étrange sentiment moral qu'est le respect, c'est en effet la raison, et plus particulièrement la raison pratique, non pas la raison théorique, spéculative ou en soi, mais la raison en tant qu'elle détermine, par des concepts, la volonté et les actions des hommes. Ce pouvoir qu'a la raison pure d'être pratique par elle-même, c'est la liberté. Kant parle pourtant continûment de « contrainte » morale. Il faut donc se demander comment s'effectue cette détermination de la volonté par des concepts, s'agissant du respect. De quoi est-elle la manifestation ? Le respect, c'est la détermination immédiate de la volonté par la loi et c'est en même temps, d'un seul tenant (*einerlei*), « la conscience de son devoir » et qui fonde « subjectivement » le sentiment moral qu'il désigne [4].

1. A. Schopenhauer, *Le fondement de la morale*, *op. cit.*, p. 62.
2. *FMM*, p. 90 ; AK IV, 398.
3. *Ibid.*, p. 95 ; AK IV, 401.
4. E. Kant, *Métaphysique des mœurs*, *Doctrine de la vertu*, trad. fr. A. Philonenko, Paris, Vrin, 1996 (dorénavant *MM*, *DV*), § 40, p. 141 ; AK VI, 464 – *doctrine de la vertu* que Schopenhauer méprise souverainement (et bien hâtivement).

Sa nature bifide de sentiment-moral s'explique par ce conflit des sources du désir d'une part et de la morale d'autre part : « les penchants et les désirs qui reposent sur des causes physiques ne s'accordent pas d'eux-mêmes avec la loi morale qui a de toutes autres sources... ils rendent toujours nécessaires de fonder l'intention de ses maximes sur la contrainte morale, sur le respect que réclame l'obéissance à la loi ... et non sur l'amour qui ne craint aucun refus... de la loi » [1]. Le respect est un sentiment d'un tout autre ordre que l'amour. S'il est un sentiment, c'est parce qu'il manifeste une « subordination » ressentie ou consciente à la loi morale, c'est parce qu'il « porte préjudice à mon amour-propre » [2], c'est parce qu'il « m'humilie » en tant qu'il me « contraint » [3] – quand bien même il s'agirait d'une « libre soumission de la volonté à la loi » [4]. Comment ceci est-il possible et pourquoi, après tout, cette subordination n'est-elle pas profondément et authentiquement hétéronome ? Comment ces affects ou pseudo-affects pourront-ils s'accorder factuellement avec la morale en tant qu'affranchie de tout penchant ? Un contre-affect (puisqu'il s'agit, notons-le, d'une humiliation, d'une soumission et d'une coercition exercées sur les affects) peut-il encore relever de la classe des penchants et inclinations ? La question est si tortueuse que Schopenhauer croit pouvoir y lire une duplicité foncière de la morale kantienne. Le respect, vocable par lui-même suspect selon *Le fondement*, ne tiendrait sa place dans l'édifice biscornu de la morale kantienne que pour dissimuler la véritable nature de sa forme impérative, à savoir une reprise plus ou moins assumée du légalisme mosaïque, tel que le Décalogue en fournit les tables. Au fond, c'est toujours le bon vieux Dieu juif qui est là à nous commander, *via* le mensonge du « respect

1. E. Kant, *Critique de la raison pratique*, trad. fr. E. Picavet, Paris, P.U.F., 1949 (dorénavant *CRprat*), p. 87 ; AK V, p. 84 (*cf.* également : « il est très beau de faire du bien aux hommes par amour [...] ; mais... », *CRprat.*, p. 86 ; AK V, 82).

2. *FMM*, p. 95 ; AK IV, 402.

3. *CRprat.*, p. 78 ; AK V, 74.

4. *Ibid.*

pour la loi ». La pseudo-autonomie vire à la « soumission » à une autorité extérieure, la loi divine[1].

Pour clarifier ces points et répondre à ces questions, il faut revenir sur quelques éléments et prendre en vue, pour commencer, que la loi morale est la loi de notre raison. Cet énoncé ne prend sens qu'à partir de la question de la *volonté*, « quelque chose qui a en soi sa valeur tout entière »[2]. La volonté structure l'articulation d'ensemble, l'économie générale de la raison pratique kantienne – d'où l'intérêt de Schopenhauer pour Kant dont il est un disciple indiscipliné tout comme Nietzsche sera le disciple indiscipliné de Schopenhauer. La volonté bonne est la seule figure de la bonté qui soit au monde, ce sont les premiers mots de la première section des *Fondements de la métaphysique des mœurs*. On ne peut donc mener une réflexion morale, en ce sens, qu'à partir du sujet et de lui seul, de l'usage qu'il fait de sa volonté en fonction de ce que Kant va appeler sa maxime, c'est-à-dire le principe subjectif de son vouloir. Toutes les autres facultés, toutes nos qualités, sont en effet orientées par la volonté bonne et ne sont favorables ou fatales qu'en fonction de cette volonté bonne : « l'intelligence, la finesse, la faculté de juger, et les autres *talents* de l'esprit, […] le courage, la décision, la persévérance […] comme qualités du *tempérament*, […] peuvent devenir aussi extrêmement mauvais et funestes si la volonté qui doit en faire usage […] n'est point bonne »[3]. D'autre part, mais ce que j'ai dit du sujet indique un lien serré entre les deux aspects, c'est à partir de cette question de la volonté que va s'articuler le couple autonomie / hétéronomie.

Lorsque la volonté libre se donne à elle-même la loi à laquelle elle se soumet, elle est autonome. Il y a bel et bien subordination dans cette autonomie (dans auto-*nomie*, il y a loi), mais point à une autorité extérieure, comme feint de le croire Schopenhauer. Car cette autonomie comme possibilité est la chose du monde la mieux partagée. Tout homme raisonnable a le pouvoir de se donner

1. A. Schopenhauer, *Le fondement de la morale*, *op. cit.*, p. 47-48.
2. *FMM*, p. 82 ; AK IV, 394.
3. *Ibid.*, p. 79 ; AK IV, 393 ; *cf.* également p. 85-86 ; AK IV, 396.

une telle loi puisqu'elle est universelle, valable pour tous. Sera par contrecoup dite hétéronome une loi strictement extérieure, une loi que je n'ai pas voulue, par exemple un *commandement*, une prescription qui émanerait d'une autorité positive instituée. Mais aussi bien un *sentiment*. Un sentiment, c'est tout le contraire d'une volonté. Je ne peux pas *vouloir* aimer ou détester ou craindre, etc. Tout le registre que Kant appelle « pratique », c'est exactement le champ de possibilités ouvert à la volonté libre par ses usages moralement différenciés. Le respect, justement, n'est pas un sentiment que je ne peux pas vouloir, c'est pourquoi il est « moral ». Il est l'effet « affectif », sur le sujet en quelque sorte, de la loi que se donne à elle-même la volonté libre. Il est d'ailleurs postérieur à la conscience de la loi, « produit » par elle qui en est bien le préalable.

Si le « sentiment » de respect respecte, si l'on peut dire, il ne saurait respecter que la loi puisqu'il est « moral ». Il s'adresse évidemment à des personnes et ne peut s'adresser qu'à des personnes, jamais à des choses pour lesquelles je peux éprouver toutes sortes de sentiments, dit Kant, même de l'amour si ces choses sont des animaux familiers. Et si ce sont des animaux féroces, alors j'éprouverais de la crainte ou de l'effroi, des sentiments en tout état de cause. Mais, « proprement », au fond (*eigentlich*)[1], s'il ne se peut sans la personne puisqu'il n'a aucun sens devant une chose, le respect respecte, par-delà la personne, la loi dans sa forme. Il ne tient ni à un objet particulier, ni véritablement à la personne que je respecte. Lorsque je respecte une personne, c'est en fait la loi morale que cette personne exemplifie que je respecte, ce qui s'apparente à de l'« admiration » mais n'en est pas vraiment[2], tenant peut-être davantage au sublime de notre nature considérée dans sa destination, comme le discernera la troisième *Critique*. L'exemple que me présente l'homme respectable consiste non pas dans sa personne elle-même, mais dans sa capacité exemplaire à pratiquer, à respecter, une loi que je ne parviens pas, moi, à respecter – alors que lui me montre qu'on peut respecter et obéir à une loi morale.

1. *FMM*, p. 95 ; AK IV, 401.
2. *CRprat.*, p. 80 ; AK V, 76.

Je respecte le respect de l'autre pour la loi : voilà ce qu'illustre l'idée de l'exemplarité. Cette structure spéculaire du respect du respect constitue une procédure très efficace de neutralisation de l'altérité, plus exactement une machine de conversion de l'altérité en semblance, procédure et machines qui mettent en jeu avec une grande vigueur la pure réflexivité du sujet transcendantal opérée depuis l'annihilation du sujet substantiel cartésien. Le respect, c'est ce *convertisseur d'altérité*. Respectant le respect personnifié dans l'autre, je l'éprouve comme ce curieux sentiment qui se présente, en fait, comme « conscience du devoir », comme « voix » de la conscience, voix de Dieu dit même Kant à propos de l'impératif catégorique.

Mais cette place concédée par la force du fait à la nature « sentimentale » du respect se rétracte moralement puisque ce sentiment du respect vise la loi. Il élève le sentiment qu'il est lui-même jusqu'à la loi en m'obligeant devant l'autre – mais un autre reconverti en semblable par ce mouvement qu'est le respect et son glissement du sentiment à la morale, sa tangence, son aspect interface. Je ne suis pas l'obligé de l'autre en tant qu'autre et parce qu'il est l'autre. Car se trouverait alors inéluctablement reconduite une figure massive de rechute hétéronome. L'autre me ramène au contraire à moi. S'il est respectable, c'est parce que et en tant qu'il respecte la loi, c'est-à-dire en sa qualité distinctive d'homme. De même que, dans la personne, ce que je respecte c'est la *loi*, ce à quoi je dois le respect dans l'autre homme, c'est son *humanité*, l'idée de l'homme en lui en tant qu'être moral. Ainsi tout homme est respectable, même s'il ne s'en rend pas nécessairement digne par ses actions. C'est pourquoi, en tant qu'ils appartiennent à un « monde moral », les hommes se doivent du respect les uns aux autres. À défaut de cette obligation devant l'autre respectable, de cette obligation du respect pour la loi et concomitamment pour l'idée d'humanité, on ne trouve que le mépris [1], soit un sentiment qui n'est que sentiment. Le mépris (*Verachtung*), c'est le refus du respect (*Achtung*), dit Kant. Il est en quelque sorte le prix affectif de

1. *MM*, *DV*, § 39, p. 140 ; AK VI, 463.

la non-indifférence face à l'altérité d'autrui, là où le respect organise l'indifférence ou l'insensibilité ou encore la non-affection, la non-affectivité du sujet devant l'autre sujet.

Ce refus qu'est le mépris restaure l'affect ou le sentiment *sans* la morale puisqu'il ne peut pas se passer de l'autre méprisé – alors que le respect se passe de la personne en ne visant que la loi. Dans les articles 153 et 154 du *Traité des passions de l'âme*, Descartes note que la générosité, telle qu'il la définit, « empêche qu'on ne méprise les autres ». La « vraie générosité », explique-t-il, consiste à s'estimer soi-même, selon la libre disposition de ses volontés. Cette générosité naturelle, « qui fait qu'un homme s'estime au plus haut point » et par où je ne suis l'obligé que de moi-même, forme à coup sûr une éthique de soi. Si elle a pour office, comme le respect chez Kant, de neutraliser toute altérité trop encombrante, telle que le mépris en manifeste la face détestable, elle n'est cependant rien de moral. Elle est un pur penchant, ce que dit plus ou moins Descartes d'ailleurs. Le mépris, empêché par la générosité selon Descartes, consiste pour Kant en un refus du respect, lequel respect, pour ainsi dire, enracine la loi morale dans un déracinement d'avec toute inclination naturelle. La « non-dépendance par rapport à autrui » dont parle Descartes à l'article 154 sur le mépris d'autrui est pour Kant un réquisit de l'autonomie qui pourrait seul permettre de penser la liberté comme obéissance à la loi qu'on s'est soi-même donnée. Mais cette autonomie, du coup, en passe par ce qui l'oblige elle-même par rapport à ce qu'elle aura en quelque sorte intériorisé. Ce chemin est plus escarpé que celui de la générosité cartésienne. Kant recherche quelque chose comme *une obligation autonome*, ce qui fait bel et bien de lui le pendant inversé de la pensée lévinassienne tout entière attachée à cerner la possibilité d'une « *liberté hétéronome* » [1]. Ces deux voies sont concurrentes, à rebours l'une de l'autre.

1. L'expression revient plusieurs fois sous la plume de Levinas, par exemple dans *Totalité et infini* où elle est étroitement associée à la structure de la « dépendance heureuse », à la « jouissance » et à la « séparation ».

COMMENT AGIR MORALEMENT ?

Le respect est l'effet de la loi que se donne à elle-même la volonté libre, ce qu'elle produit, et rien qui puisse s'apparenter à un mouvement naturel ou spontané. Il constitue à ce titre le pur mobile de la moralité, ce qui lie subjectivement à la représentation de la loi ce qui va déterminer telle ou telle action. De là provient la définition récurrente du devoir comme la nécessité d'accomplir une action par respect de la loi. Elle emporte chez Kant une emphase remarquable autour de la loi morale, son origine suprasensible, son caractère sublime, sa nature non-empirique.

On connaît la célèbre distinction proposée dans les *Fondements* entre agir par devoir (*aus Pflicht*), c'est-à-dire par respect pour la loi, et agir conformément au devoir (*pflichtmässig*), soit relativement à une légalité – et non à la moralité. Kant cite plusieurs exemples de ce que c'est qu'agir conformément au devoir. Le commerçant qui établit un juste prix pour tous et ne berne pas l'enfant qui vient lui acheter quelque chose, le devoir que nous avons tous de préserver notre propre vie, les actes que nous posons en vertu d'une bienfaisance ou par sympathie constituent des cas précis d'actions conformes au devoir, et louables à bien des égards. Mais ces actes sont trop entachés par l'intérêt (le commerçant), l'inclination immédiate (la conservation de soi) ou encore la satisfaction de soi (la bienfaisance) pour pouvoir être comptés au nombre des actions effectuées par devoir : « si conforme[s] au devoir », « si aimable[s] » qu'ils soient, ils n'ont « pas cependant de valeur morale véritable » [1].

La plupart d'entre nous agissons conformément au devoir. Mais nous n'y avons aucun mérite proprement moral parce que nous le faisons toujours par inclination, selon un penchant naturel, ou encore par crainte, par désir, par intérêt, par pitié ou par compassion, voilà ce qui nous guide dans notre action et ce mobile directeur

1. *FMM*, p. 89 ; AK IV, 398.

n'a rien de particulièrement moral. Relèverait de l'agir moral, c'est-à-dire de l'agir par devoir, ce qui procéderait en revanche d'un arrachement à ce registre de la sensibilité. Agir sans y être le moins du monde incité par un motif spontané, naturel, immédiat, mais par une sorte d'exhaussement de soi au-dessus de ce motif, voilà où se tient la morale. C'est par cet arrachement et cet exhaussement qu'une action peut être dite avoir été véritablement effectuée par devoir. Paradoxalement, rien ne doit nous y pousser. C'est même tout le contraire. Contrairement à la simple et trompeuse conformité extérieure au devoir, l'accord interne entre mobile et devoir détermine seul et vraiment la moralité de l'action.

La question que se pose continûment Kant, c'est celle de la valeur et du principe d'une action, lesquels se jugent à l'aune du pur respect de la loi et de façon absolument déliée de toute inclination, de tout motif sensible, de tout penchant immédiat. Le vicieux qui s'efforce à la vertu, l'avare qui s'efforce à la générosité par exemple, vaut mieux, du point de vue de la moralité formelle, que celui qui est spontanément vertueux et répond à autrui avant toute réflexivité morale. Toute action, même celle dont le contenu nous semblera hypermoral, dès lors qu'elle m'arrange, n'est pas morale. À vrai dire, la moralité d'une action se mesurera peu ou prou au *dérangement* (pour prendre un mot qu'on retrouve fortement connoté chez Levinas) qu'elle suscite. Schiller, parmi d'autres, a beaucoup raillé cette position. Si l'absence de respect conduit au mépris pour Kant, on l'a dit, l'absence de penchant y conduit au contraire tout droit selon Schiller : « Gewissenskrupel. *Gerne dien'ich den Freunden, doch thu'ich es leider mit Neigung / Und so wurmt es mir oft, daß ich nicht tugendhaft bin.* Entscheidung. *Da ist kein anderer Rath, du mußt suchen, sie zu verachten / Und mit Abscheu alsdann thun, wie die Pflicht dir gebeut* » [1].

1. F. von Schiller, *Die Philosophen*, je traduis : « *Scrupules de conscience* : J'aide volontiers mes amis, mais je le fais malheureusement par inclination / Et me tracasse alors bien souvent l'idée que je ne suis guère vertueux » ; « *Décision* : Il n'y a pas d'autre choix, tu dois chercher à la mépriser / Et faire avec horreur ce à quoi le devoir te plie ».

La morale selon Kant consisterait ainsi à prescrire à l'homme dont les inclinations sont vertueuses de ne faire une bonne action qu'avec répugnance, ce qu'il aurait parfaitement pu faire avec facilité et entrain. Cette critique, convenue mais convenable, n'omet qu'une chose, sur laquelle je reviendrai : s'en remettre à l'inclination comporte, même minimalement, le risque qu'elle fût mauvaise, qu'elle fût au fond penchant pour le mal. Ce risque est trop lourd, même s'il n'est peut-être effectif qu'à la marge, pour pouvoir seulement être couru. Il s'agit donc bien plutôt de se mettre en quête d'une règle à validité universelle c'est-à-dire d'une règle dont l'universalité permettrait seule, précisément, d'endiguer le mal. On ne comprend rien à la morale kantienne si on ne la lit pas sur fond de mal radical.

La concaténation des arguments apparaît plus clairement. Si le respect de la loi, et lui seul, définit la nécessité du devoir, si ce qu'il a à respecter, c'est l'universalité de la loi, c'est-à-dire la possible universalisation de la maxime, c'est bien parce que cette universalité caractérise la volonté bonne. C'est par celle-ci qu'il est fait usage de toutes les facultés. Cette universalité commande une inconditionnalité absolue que Kant nomme catégorique. L'impératif catégorique contraste avec l'impératif hypothétique par son inconditionnalité. Il exprime un devoir sans conditions, une exigence de la raison sans considération de finalité, de contenu, de « matière » de la volonté, ou d'objet comme dit souvent Kant[1]. L'impératif est un jugement normatif qui énonce un devoir, une nécessité pratique, et fournit la « formule d'un commandement », d'un *Sollen*[2], d'où son « formalisme ». L'impératif catégorique quant à lui n'a nul rapport à l'expérience. Son inconditionnalité, ou sa formalité, est à ce prix. Tel est l'ensemble des conditions ou des inconditions qui permettent de déterminer la valeur morale d'une action. Ce qui signifie plus précisément que cette détermination ne se peut qu'absolument, inconditionnellement et universellement. Sans cela,

1. *FMM*, p. 116 : AK IV, 413.
2. *Ibid.*, p. 115 ; AK IV, 413.

la morale n'échapperait pas aux évaluations, aux transvaluations, c'est-à-dire à un toujours possible relativisme moral. Elle serait incessamment exposée à sa fin.

À bien l'entendre, que nous dit Kant ? Que rien n'est plus fragile, plus contestable, plus précaire et plus aléatoire que la morale. Sa tâche, le but qu'il s'assigne, c'est de « *faire une haie* » autour de la loi morale – comme disent les rabbins de la Torah.

Cette conscience vive, presque douloureuse, de la fragilité extrême de la morale provient d'un vertige. Ce vertige, chez Kant, est un vertige de la liberté, une pure exigence d'acte, une pure forme d'acte, une protestation intelligible de l'acte contre la simple citoyenneté du monde sensible. Il le porte ainsi à postuler, au-dehors de la sphère du possible, un réel, Dieu, la liberté, l'immortalité. Cette sorte de chose en soi pratique ne peut plus être objet de connaissance mais d'espérance et d'action. L'impossible théorique, l'inconnaissable, est, par l'acte, ouvert au-delà de lui-même. Kant aperçoit les gouffres qui bordent le chemin de l'agir moral. Il met tout en œuvre pour les prévenir, les contourner. Son prétendu moralisme n'est rien qu'un évitement efficace, tant de l'immoralisme ou de l'amoralisme de type nietzschéen, qui guette partout, que de toute pathologie de l'autre, également menaçante. Le formalisme kantien, savoir que l'action ne tire jamais sa valeur morale du contenu matériel des fins qu'elle poursuit, mais seulement de la forme a priori de la volonté, c'est-à-dire de l'universalité de la règle – ce formalisme, donc n'est bien souvent qu'un type d'usage régulateur de la loi permettant de couper court au « pathologique ». Il vaut tout autant, notons-le en passant, pour la connaissance : le transcendantal qualifie une connaissance qui ne porte pas sur l'objet, mais sur la manière possible de le connaître a priori.

Tout l'appareil d'exigences régulatrices qu'invente la critique kantienne de la raison pratique requiert donc une lecture symptômale qui pourra ouvrir sur la suite de mes considérations et en particulier sur la construction d'un « dialogue » avec Nietzsche. Cet appareil pratique vise tout ce qui est possible par volonté libre. Il est constitué pour dire vite, de quatre couches sédimentées, au moins :

a. la distinction du moral-pratique et du pathologique ;

b. l'étroite relation entre la volonté et les actions, la première n'étant rien d'autre que la détermination des actions par des concepts ; le pathologique, c'est ce que je ne peux pas vouloir, ce qui vient de plus loin que tout vouloir et se tient en amont de toute maxime ;

c. le rapport de l'autonomie à l'hétéronomie, c'est-à-dire de la loi du soi-même à la loi de l'autre qui m'est extérieur ;

d. la différence entre le « par devoir » et le « conformément au devoir » ou encore de l'intérêt et du besoin qui a pour but ou pour secrète direction de parer à tout le registre de l'affect, du sentiment, et d'empêcher que la question de mon rapport « sentimental » à l'autre n'apparaisse pleinement ou ne s'impose dangereusement sur le registre « pathologique » du sentiment moral.

On voit bien que la pathologisation ou la sentimentalisation du rapport à autrui est bel et bien discernée par Kant, pensé par lui comme une menace. Cette délimitation du moral et du pathologique, si insistante, est remarquable.

Est pathologique pour Kant un sentiment emporté par la sensibilité, soit par la partie passive de notre nature, sans que je le veuille ou parce que je le dois (ni *wollen* ni *sollen*). L'amour par exemple, au sens le plus habituel du terme, est pathologique de part en part en ce qu'il constitue une « inclination [qui] ne peut pas se commander »[1]. Est moral, en revanche, ou plus exactement « pratique » ce qui est librement accompli par la raison. Depuis cette distinction extrêmement ténue, peuvent être déterminés les critères d'une action bonne ou morale au sens habituel du terme – car il n'y a pas de solution de continuité pour Kant[2]. Premier critère d'une action bonne, on l'a vu, le « par devoir » comme distinctif du respect de la loi. Le second critère, qu'on a vu également, établit qu'une action bonne, soit uniquement déterminée par le devoir, ne peut être jugée telle en raison des fins qu'elle s'assigne et qu'elle

1. *FMM*, p. 91 ; AK IV, 399.
2. *Ibid.*, p. 111-112 ; AK IV, 411.

veut réaliser, en fonction de son objet ou de l'effet escompté, mais uniquement eu égard au principe de la volonté qui la guide. Que signifient ces deux points, essentiels : le devoir articulé au respect, la moralité inhibant le motif sensible de l'action ?

Ils caractérisent ce que Kant appelle la légalité universelle des actions. Une action, évidemment contingente et prise dans une particularité immédiate, ne pourra être dite bonne que de façon absolue. Pour cela, il faudra que les principes qui la déterminent détiennent une valeur d'universalité absolue. Cette légalité universelle des actions est le principe, et le seul, de la volonté bonne. La formulation de la légalité des actions en général comme principe de la volonté est la suivante : *je dois toujours me conduire de telle sorte que je puisse aussi vouloir que ma maxime devienne une loi universelle*[1]. Le sujet raisonnable veut ou peut vouloir que sa maxime, c'est-à-dire le principe subjectif de sa volonté, puisse être universalisée – ce qui constitue un critère, soit une potentialité fondative de la moralité. Si je fais quelque chose dont je ne peux pas raisonnablement souhaiter que tous, absolument tous, en fassent autant, alors ce faire ne répond pas au critère du « par devoir ». Même si je lèse gravement autrui en mentant ou lui faisant une promesse que je n'ai pas l'intention de tenir : 1. je ne peux pas vouloir que la maxime de mon action devienne une loi universelle ; 2. la preuve que je ne peux pas le vouloir, c'est qu'en mentant, je compte bien que mon mensonge soit pris pour une vérité, c'est-à-dire qu'il est lui-même fondé sur la reconnaissance d'une validité universelle de la vérité.

Mais alors, si l'universalisation de la maxime est à ce point rapportée au vouloir du sujet raisonnable, que penser du désintéressement de la loi morale ?

Au chapitre VII du *Fondement de la morale*, Schopenhauer critique férocement, à la manière marxienne ou nietzschéenne, l'égoïsme profondément, théologiquement, camouflé sous ce pseudo-désintéressement de la loi morale. Je n'agirais en fait de

1. *FMM*, p. 156 ; AK IV, 437 : « *Agis selon la maxime qui peut en même temps s'ériger elle-même en loi universelle.* ».

telle ou telle manière qu'en escomptant qu'on se comporte avec moi de la même façon, dans la même situation. Si je fais l'aumône à un pauvre mendiant, c'est que je songe que je pourrais bien un jour me trouver dans une situation comparable à la sienne, ou que j'en escompte une récompense dans le monde futur, ou encore pour acquérir une bonne réputation (sauf que ce n'est justement pas là une action morale selon les critères kantiens eux-mêmes). L'exigence d'universalité dissimulerait ainsi l'existence d'un juge bien peu moral. La loi morale kantienne ne dirait rien de plus que la bonne vieille parole biblique selon laquelle il ne faut pas faire à autrui ce que qu'on ne voudrait pas qu'on nous fasse. C'est parce que, *moi*, je ne veux pas souffrir que je constitue une loi fondée sur l'universalité. Pour Schopenhauer, la loi kantienne n'est pas du tout désintéressée. Elle cristallise et dissimule un égoïsme ancré dans l'idée de réciprocité. Et toute réciprocité des droits et des devoirs serait en son fond un égoïsme (c'est cet égoïsme *nécessaire*, et non pas récusable, que Levinas appellera justice : « il faut la justice »).

MORALE ET RÉCIPROCITÉ

Cette inconditionnalité-universalité du principe de l'impératif constitue l'humanité comme une fin objective absolument prépondérante par rapport à toutes les fins subjectives qu'on voudra. Kant dit de l'impératif catégorique qu'il est la voix de Dieu ou encore la sentence d'un principe rationnel placé au-dessus de soi comme personne. C'est ce qu'on lit dans la troisième formule de cet impératif : « *agis de telle sorte que tu traites toute l'humanité, aussi bien dans ta propre personne que dans la personne de tout autre, toujours en même temps comme une fin, jamais seulement comme un moyen* ». Les êtres raisonnables constituent donc des fins en eux-mêmes. Le règne des fins est régi par ce qui est commun, par une ou des lois communes à tous les êtres raisonnables. Chacun de ces êtres raisonnables, dans le royaume des fins, en agissant par devoir, par respect pour la loi morale, et selon la volonté bonne, se traitera et traitera tous les autres comme des fins en soi, pas comme des moyens.

Au fond, le royaume des fins instaure l'ère de la réciprocité réalisée du respect : « tout homme a le droit de prétendre au respect de ses semblables et réciproquement il est obligé au respect envers chacun d'entre eux » [1]. Le respect vaut en tant que principe que les hommes se doivent les uns aux autres, *principe de réciprocation.* Dans et par le règne des fins, s'avère la fonction « humiliante » du respect, au sens où la représentation d'une valeur porte préjudice à mon amour-propre, au sens, donc, où le respect « est si peu un sentiment de plaisir qu'on ne s'y laisse aller qu'à contrecœur » [2]. Il limite ainsi et restreint l'estime que nous nous portons à nous-mêmes par l'effet produit par la dignité de l'humanité dans une autre personne : « il ne s'agit pas en effet ici simplement de

1. *MM, DV*, § 38, p. 140 ; AK VI, 463.
2. *CRPrat.*, p. 80 ; AKV, 76.

ce *sentiment* qui résulte de la comparaison de notre propre *valeur* avec celle d'autrui (comme celui qu'éprouve, par pure habitude, un enfant pour ses parents, un élève pour son maître, un inférieur en général pour son supérieur), mais d'une *maxime* qui consiste à restreindre notre estime de nous-mêmes au moyen de la dignité de l'humanité dans une autre personne, et par conséquent on doit entendre ici le respect dans le sens pratique »[1].

Kant est donc nécessairement amené à s'intéresser à la nature du devoir que nous avons envers *autrui*, sous le double registre du *respect* bien sûr, mais aussi de l'*amour* du prochain ou du semblable, c'est-à-dire sous le double registre d'un devoir au sens strict et d'un devoir en un sens élargi puisque l'amour dont il s'agit ici constitue une maxime de bienveillance ouvrant à la bienfaisance. Il n'est pas du tout un sentiment ni ne relève de la satisfaction. Il est « pratique », et non « pathologique ». L'intrication des deux, respect et amour de bienveillance, ouvre à la question du droit, voire de ce que Arendt appellera le droit d'avoir des droits. Par l'observation du respect, « je m'oblige simplement moi-même, je me tiens dans mes limites, afin de ne rien ôter à l'autre de la valeur qu'il a le droit en tant qu'homme de poser en lui ». Par l'amour de bienveillance en revanche, « j'oblige en même temps autrui »[2]. Il s'agit véritablement, avec cette question de l'abaissement dans quoi le respect me plonge, de trouver la bonne et juste distance *optique* de la relation morale ou de l'éthique. Kant arpente déjà la topologie qu'inventera plus tard Levinas, mais pour en conjurer les funestes conséquences. Dans le face-à-face, alors même que je suis visé par le visage et soumis de quelque façon à lui, tous les autres sont plongés dans un flou spectral et inquiétant. Dans l'équivalence généralisée produite par l'universalité des droits et des devoirs, plus de visage, seulement des silhouettes égales et interchangeables. Kant circonscrit cette question de l'ajustement optique de l'éthique et tâche, par une sorte de coup de force, de trouver le point d'équilibre

1. *MM, DV*, § 25, p. 126-127 ; AK VI, 449.
2. *Ibid.*

où se tenir pour enrayer le désastre, entre l'approche et la distance, l'attraction et la répulsion. « Quand il s'agit des lois du devoir (non des lois physiques), et que nous les considérons dans les rapports extérieurs des hommes entre eux, nous nous plaçons par la pensée dans un monde moral (intelligible), où, suivant une loi analogue à celle du monde physique, l'assemblage des êtres raisonnables (sur la terre) se fait par *attraction* et *répulsion*. Grâce au principe de l'*amour mutuel*, ils sont portés à se *rapprocher* continuellement, et grâce à celui du *respect*, qu'ils se doivent réciproquement, à se tenir à *distance* les uns des autres ; et, si l'une de ces deux grandes forces morales venait à manquer, alors (si je puis me servir ici des paroles de *Haller* en les appliquant à mon objet) "le néant (de l'immoralité) engloutirait dans son gouffre tout le règne des êtres (moraux), comme une goutte d'eau" » [1].

On touche là à un point d'extrême délicatesse, et à une entreprise peu aisée : se rapprocher sans oblitérer la considération universelle, l'universalisation de la maxime, se tenir à distance sans perdre la personne. Ce qui par ailleurs emporte la question du rapport à la fois éthique et politique entre les droits et les devoirs.

Le devoir ouvre à l'inscription dans une communauté. Déterminant des lois pour les maximes des actions, Il va me rendre pratiquement semblable à tous les autres, ce que le droit, qui fournit, lui, des lois pour les actions, va relayer en m'inscrivant dans l'ordre d'une universalité fondée sur la réciprocabilité. Par devoir, je m'acquitte de ce qui m'incombe, de ce que je dois faire, au même titre que les autres, comme citoyen respectueux de cet ordre où je suis l'équivalent et l'égal de tous les autres, qui eux aussi, dans le règne des fins, me respectent. Le respect se structure autour d'une spécularité foncière organisée par l'exemplification de la personne. Ce que je respecte, on l'a vu, c'est le respect de la personne

1. *MM*, *DV*, § 24, p. 126 ; AK, 449. *Cf.* F. Nietzsche, *Humain, trop humain* 2, § 387 : « de soi, on est toujours trop près de quelques pas ; et du prochain, toujours de quelques pas trop loin ». Je m'interrogerai plus loin sur ce que Nietzsche appelle ailleurs (*Par-delà le bien et le mal*, IX, § 257) « le sentiment passionné des distances ».

respectable pour la loi morale. Ce ne peut pas être la personne tout court. Non pas que Kant prône le non-respect des personnes, on s'en doute, mais parce qu'il craint qu'un respect attaché à la personne ne faillisse toujours en raison d'une dépendance sensible et hétéronome. En déterminant le respect comme un respect pour la loi, il en fait le très nécessaire contre-point de « l'inclination ». Ladite inclination peut être suscitée par la pitié, la compassion, l'empathie ou encore l'amour. Elle demeure continûment un facteur de « résistance [...] aux prescriptions de la raison »[1]. Kant montre clairement qu'il est complètement superflu et inutile que j'aime la loi. Ce que j'ai à faire, c'est la respecter. Ce genre d'amour de la loi porte à un enthousiasme fatal, à un dangereux fanatisme qui perturberait l'ordre de l'égalité, de la réciprocité et de la compensation.

À vrai dire, Kant avance ici une chose très simple. Il veut inventer une règle, imprimer aux actions une régularité qui m'oblige et qui coupe court ainsi à toute tentation erratique, versatile ou éphémère, d'aller spontanément vers autrui : « dans une philosophie pratique [...] il s'agit de poser, non pas des principes de ce qui *arrive*, mais des lois de ce qui *doit arriver*, quand même cela n'arriverait jamais »[2]. C'est bien pour cette raison, stricte et tranchée, qu'un « indifférent qui agit avec justice » vaut mieux, au sens de la fiabilité morale, qu'un « bienveillant selon le cœur et la disposition d'esprit ». Dans ses « leçons d'éthique » dispensées entre 1775 et 1781, avant les trois *Critiques* et les *Fondements de la métaphysique des mœurs*, à un moment où l'appareil critique n'est pas encore tout à fait construit et achevé, Kant décrit fort bien cette sorte de *justice négative* : « tant et aussi longtemps qu'il observe consciencieusement les devoirs envers autrui dont il a à répondre ; tant et aussi longtemps qu'il respecte le droit de chacun... ; tant et aussi longtemps qu'il n'enlève à autrui rien de ce qui lui appartient... un tel homme agit avec justice. Si chacun de nous se conduisait de la sorte, si chacun ne posait jamais d'action inspirée par l'amour ou la bonté, mais se

1. *FMM*, p. 135 ; AK IV, 424.
2. *FMM*, p. 139 ; AK IV, 427.

contentait de préserver intact le droit de tout homme, il n'y aurait pas de misère en ce monde »[1].

Toute la misère du monde vient de notre folle prétention à agir par bonté ou par amour. Toute réflexion sur la morale et sur le rapport à autrui est très vigoureusement interpellée, et même secouée, par la position kantienne à propos de l'amour, de l'amitié, c'est-à-dire de ce qui est déterminé plus généralement comme « sympathie ».

1. E. Kant, *Leçons d'éthique*, Paris, Livre de poche, 1997, p. 331-332 (P. Menzer (éd.), *Eine Vorlesung Kants über Ethik*, Berlin, 1924).

AMOUR, AMITIÉ ET MORALITÉ

On ne peut commander à l'amour puisqu'il n'est pas de l'ordre d'une volonté, laquelle peut seule se soumettre à la loi en tant qu'elle se l'est librement donnée. On ne saurait donc faire de l'amour un devoir, nous dit Kant. Il est une inclination, un sentiment, un emportement du sujet, une passion – quand bien même un sort particulier est réservé à l'« amour pratique », soit à l'amour de bienveillance rencontré au § 25 de la *Doctrine de la vertu.* Contre cette position qui par ailleurs semble aller de soi, Franz Rosenzweig a avancé une objection massive et puissante en associant tout au contraire à l'amour la forme impérative d'un commandement particulier, « aime-moi ». Non seulement on peut dire « aime-moi », explique-t-il dans *L'étoile de la rédemption*, mais on ne peut même le dire qu'à l'adresse de l'être aimé, comme requête impérieuse, impérative, d'une réactualisation instantanée d'un amour préalable et qui ne fait pas question par lui-même. « Aime-moi » signifie par l'amour qu'il articule et qui, c'est très important, me précède. Cette très belle analyse [1] contrecarre radicalement la pathologisation kantienne de l'amour tout en en reconduisant la possibilité critique. La moralité kantienne s'articule en bonne part autour du refus de ce qui, dans le sujet, barre son autonomie, et qui serait comme une sorte de nature, là, *avant* le sujet lui-même. Or la morale, son exercice, ne peuvent commencer que *dans et par* la volonté, c'est-à-dire *dans le sujet*, en son initiative et en son engagement (c'est exactement ce point de basculement que Levinas fera fonctionner comme le levier de sa critique de toutes les philosophies morales). Le sujet peut toujours après-coup se soumettre à la « coercition exercée sur

1. F. Rosenzweig, *L'étoile de la rédemption*, trad. fr. A. Derczanski et J.-L. Schlegel, 2e éd., Paris, Seuil, 2003, p. 251-252. J'ajoute qu'on peut et doit associer à l'analyse rosenzweigienne les pages 25 et 26 de *Parages*, Paris, Galilée, 1986, où Derrida s'attache à nous faire entendre un autre impératif amoureux, « Viens ».

ses inclinations », il peut même s'humilier et assumer sa propre subordination, mais il ne le fait qu'après-coup, dans une sorte de contrôle réglé de l'espacc qui s'ouvre entre moi et l'autre. La loi morale, c'est cette réglementation de la distance et de la proximité qui fonde l'autonomie.

Telle est la croisée où nous mène la question morale : admettre le tropisme d'un avant-moi, d'un outre-moi, acquiescer au tournement hétéronome d'un sujet hétérotrope, tourné avant même soi vers l'autre ; ou bien au contraire penser le sujet dans son égalité à l'autre rencontré, la règle, la loi, constituant alors la forme universelle de cette égalisation. L'alternative n'est pas que théorique, elle est empirique, pratique et entre dans une casuistique déterminée.

Imaginons par exemple une relation à autrui dans laquelle j'obéirais, sous le primat de l'universalité, à ce type de règle. Que pourrait bien impliquer et signifier une réponse à l'appel d'un ami, sans rien dire du « premier venu » lévinassien, « par devoir », au sens kantien précis, soit contre l'inclination immédiate qui pourrait me pousser à répondre ? Puis-je dire à l'ami qui me sollicite que je lui réponds par devoir, et en aucun cas par amitié[1] ? Si je le faisais, c'est l'amitié elle-même qui s'en trouverait gravement compromise. Mais si le devoir devait s'absenter de toute réponse, déserter toute catégorisation de la réponse, que se passerait-il pour tous ceux qui ne sont pas mes amis et qui appellent eux aussi ? « Extravagance » de Kant mais aussi vigilance sans cesse stimulée par cette extravagance même. Pourquoi la réponse par devoir ruinerait-elle l'amitié ? De toute évidence parce qu'elle déplacerait l'inclination amicale vers le « tous » : tu es mon ami, mais je ne fais pour toi ni plus ni moins que ce que je ferais pour tous les autres. Elle abolirait ainsi la singularité et la dissemblance, ce que Rosenzweig nomme « la voix unique » de l'amour, pour lui substituer l'ordre de l'universalité de la loi morale, le règne d'une semblance généralisée. On passerait d'une relation à un visage ami, qui est comme *un trou* dans le monde (Sartre), à une ressemblance uniforme et lisse, sans trou ni trouée, à un « je dois »

1. Je renvoie ici à Derrida, en particulier à *Politiques de l'amitié* ou à *Passions.*

adressé à tous les semblables. Or, le signe même de l'amitié, c'est que je réponds, non pas par devoir, non pas en vertu d'une règle ou d'un code préalables, mais selon une invention singulière qui précèderait toute règle [1]. Kant fait le pari symétriquement inverse du droit pour polir et transformer les mœurs [2].

Les analyses de Rosenzweig ou de Derrida lecteurs de Kant, sur l'amour, sur l'amitié, n'invalident pas cependant, me semble-t-il, le dispositif kantien, extraordinairement résistant. Elles en rappellent simplement ce que Hermann Cohen, kantien s'il en fut, relevait de leur incomplétude. La morale kantienne assure à l'individu un traitement respectueux. Chaque homme devra être regardé comme le représentant moral de toute l'humanité, comme une fin en soi. Tout être raisonnable, capable de définir des fins, se distingue par son caractère de fin en soi et de volonté autonome et c'est ce qui constitue le sens de son être moral. L'acquis est considérable et de quelque façon irréversible. Mais cette *opération-respect*, dont on voit bien le caractère constitutif pour les droits de l'homme et leur victoire culturelle et politique, emporte un dépouillement de la singularité dont l'expérience de la souffrance atteste la limite, la butée, en tant qu'elle n'est jamais universelle ou partageable. La souffrance, Cohen ou encore Adorno en ont fait un élément central de leurs pensées « morales », est souffrance du non-partageable.

S'esquisse ainsi dès maintenant un clivage entre deux morales, deux modes de considérations « éthiques » tout à la fois exclusifs et forcément complémentaires. On a coutume de postuler que la morale, comme la vérité, est une et indivisible – et que seule l'immoralité, comme l'erreur, est la proie d'une multiplicité de formes par elle-même contraire à l'exigence morale. On commence à voir que cette unité fondative de la morale ne saurait être autre chose qu'une unité de champ, qu'une homogénéité relative à un domaine d'exercice circonscrit. Kant se fait l'arpenteur du moi moral de l'humanité, comme dit Cohen, c'est-à-dire de l'homme juxtaposé,

1. Ou bien selon une règle qui consiste à « connaître la règle et à ne pas s'y tenir », J. Derrida, *Passions*, *op. cit.*, p. 24.

2. E. Kant, *Leçons d'éthique*, *op. cit.*, p. 336.

des hommes cohabitant les uns avec les autres, *Nebenmensch*. Il est donc conduit, selon une logique où s'entredéterminent universalité et inconditionnalité, à en expulser la masse de motifs qui ne s'y soumettent pas, empathie, bienfaisance, compassion. La morale kantienne, et la pensée des limites qui s'y déploie y oblige, est donc une dans son champ propre, dont le respect fournit l'une des clés essentielles. Autant dire qu'elle est frappée d'incomplétude – c'est sa force à certains égards. La tentative cohénienne consiste à compléter Kant, à adjoindre au *Nebenmensch* un *Mitmensch*, l'autre homme qui existe *avec* ma propre existence, non pas à côté d'elle, mais en liaison affective continue avec elle[1]. Les deux termes si suggestifs thématisés par Cohen indiquent bien que deux ordres de règlementation valent, chacun à sa façon, selon des lignes et autour de contenus spécifiques. Si l'universalité fait loi dans son territoire moral autonome, la souffrance de l'autre homme peut-elle et doit-elle pour autant en être bannie parce qu'elle échappe à cette législation ? Ou bien au contraire n'ouvre-t-elle pas à la découverte d'un autre territoire, ni plus ni moins moral que celui qu'il jouxte, mais obéissant à des modalités pratiques très différentes ? La difficulté viendra alors, et elle n'est pas mince, de la façon dont on pourra s'efforcer d'articuler les deux royaumes moraux dont tout homme est le sujet. L'accommodation optique suggérée par Kant au § 24 de la *Doctrine de la vertu* et dont Levinas se souviendra en disant de l'éthique qu'elle est une optique, peut-être une modalité, mais certainement pas la seule, de ce rapport entre les deux morales.

Il convient donc, en tout état de cause, d'être continûment attentif à la différence lévinassienne entre la relation à un visage dans un duel singulier, où se joue une réponse précédant tout devoir et, d'un autre côté la Justice, où, comme dans le règne kantien des fins, « *abstraction est faite de la différence personnelle* des êtres raisonnables et de tout le contenu de leurs fins particulières » afin que ledit règne des fins puisse être posé comme « un tout de toutes

1. H. Cohen, *Religion de la raison tirée des sources du judaïsme*, trad. fr. A. Lagny et M.-B. de Launay, Paris, P.U.F., 1994, en particulier le chapitre VIII, « La découverte de l'homme comme autrui », p. 163 *sq*.

les fins »[1]. Toute confusion entre ces deux régimes est moralement ruineuse. Toute extension impensée ou insue du pratique au pathologique apparaîtra profondément déplacée, destructrice. Et si à l'inverse le sujet ne se conforme pas à la règle générale, obligé qu'il est d'en inventer une autre, voire d'être lui-même inventé dans sa réponse par une règle précédant toute règle et la rendant possible, il risque d'être suspecté d'enthousiasme, de tendance pathologique. Ce qui vaut dans un face à face, c'est-à-dire dans une relation prépolitique, dans le deux de l'amour, de l'amitié, de la proximité, ne détient pas de légitimité morale dans l'intrication des multiplicités sociales, collectives, citoyennes.

1. *FMM*, p. 150 ; AK IV, 433.

SITUATION DE KANT (2) : L'AUTRE, LE SEMBLABLE

C'est évidemment la question de l'altérité en sa foncière irréductibilité qui se pose – et que Kant a su cibler et contourner. Quitte à se tenir sur de l'intenable, voire sur du « néant » comme dit Schopenhauer[1], il s'agit pour lui d'empêcher avec conséquence et vigueur que la figure d'autrui n'envahisse de façon catastrophique le monde moral et en vienne à perturber l'« assemblage des êtres raisonnables ». Kant aperçoit que le registre pathologique de la sensibilité pourrait aisément virer en « persécution » telle qu'on peut en trouver une description « éthique » chez Levinas. On peut raisonnablement considérer, textes à l'appui, que la philosophie kantienne de la loi morale s'efforce avec ténacité d'oblitérer la question de l'altérité de l'autre homme, à cause de sa considérable puissance « sensible », pour la référer à la seule règle du primat du semblable.

La morale kantienne serait ainsi *une morale de la semblance* et *de l'autre homme comme semblable* qui viendrait barrer la route aux dérives pathologiques toujours menaçantes d'une *morale de l'altérité*. La similitude du semblable est la seule voie possible pour une morale appuyée sur l'idée d'autonomie. L'altérité, pensée de façon radicale, ne peut déboucher que sur une hétéronomie, une soumission à des lois empiriquement conditionnées, à des lois de nature en quelque sorte. L'altérité, ce serait quasiment une nature, qui reconduirait l'être raisonnable que je suis – qui n'est pas simplement un être sensible, mais aussi un être supra-sensible, moral – à une détermination de type naturel. L'hétéronomie, c'est la loi de l'autre. Aux yeux de Kant, elle fonctionne comme une loi de quasi-nature. Aussi l'altérité me plongerait-elle, si je devais lui faire droit dans sa puissance immédiate, dans une situation où l'objet donnerait la loi à la volonté, au lieu que la volonté se donne à

1. A. Schopenhauer, *Le fondement de la morale*, *op. cit.*, p. 121.

elle-même la loi à laquelle elle obéit. Ce n'est pas l'obéissance que Kant conteste. Schopenhauer n'a pas tort sur ce point. Il a tort sur le statut éthique, et non théologique, de cette obéissance. Ce qui en revanche retient toute la pensée morale de Kant, c'est la question de la condition de l'obéissance par rapport à la volonté.

Notre lecture de Kant, symptômalement aimantée par la question de l'existence d'autrui, se solde par un constat complexe : se produirait avec la philosophie morale kantienne une sorte de *neutralisation morale* (pratique) *de la morale* (pathologique), une axiologie qui ne cesserait de tarir les affects moraux – condition première et implacable de l'édification d'une morale vraiment universelle. Kant soumet toutes les morales du bonheur, de la bienfaisance et de la sensibilité, en gros toutes les théories morales qui le précédaient, à un puissant jet d'eau glacée. C'est l'image très judicieuse qu'utilise Nietzsche à deux reprises dans la *Première considération intempestive* sur David Strauss, celle de la « cure d'eau froide » : « *Kant als Kaltwasseranstalt* », écrit-il, Kant comme établissement thermal d'eaux glacées [1].

Nietzsche articule donc autrement, tout en la réitérant, l'objection mille fois répétée adressée à la morale kantienne. N'est moral que ce qui aura passé par les eaux glacées du devoir et surmonté les échauffements excessifs de l'inclination, du penchant, du désir. Du coup, si l'impératif consiste à recommander à l'homme doté de dispositions bonnes et chaleureuses de faire avec une répugnance glacée ce qu'il pourrait faire spontanément, alors le contenu éthique risque l'enlisement formaliste, puisqu'il est censé pouvoir être déduit de l'impératif catégorique, c'est-à-dire de la seule modalité interrogative du « comment ? », laquelle se substituerait, selon Niklas Luhmann par exemple, à la question « quoi ? ». À Francfort, le jeune Hegel opposait lui aussi, comme Schiller ou comme Péguy plus tard, deux oxymores symétriques censés défaire et la

1. F. Nietzsche, *Considérations inactuelles* I et II, Paris, Folio-Gallimard, 1992, p. 38 (où l'on peut lire « cuve » au lieu de cure !) et p. 74. Pour le texte allemand, je renverrai systématiquement à la *Digitale kritische Gesamtausgabe Werke und Briefe* (*DKGWB*, dir. P. d'Iorio, Paris, 2009) – ici, *DS* (*David Strauss*), § 4 et § 11.

morale kantienne et le légalisme juif, profondément affinitaires et ici étroitement associés par une commune hypocrisie. Kant et le pharisianisme juif sont tout entiers, explique le jeune philosophe, du côté de la « haine intègre », de la « fureur de la probité », ou encore de la « rigueur haineuse de la conformité au devoir »[1]. Hegel se rapporte à l'épisode des Évangiles où Marie-Madeleine se jette aux pieds de Jésus, éplorée, ce qui ne suscite chez Simon le Pharisien que froideur et réprobation devant autant de « grossièreté » pathologique. Chez Simon en effet, « seule la faculté de juger s'est exprimée », in-sensible, alors qu'il y va pour Jésus et ses « amis » d'une immédiate « tendance morale à faire du bien aux pauvres »[2]. Hegel croit pouvoir discerner au fond de l'absoluité de la loi morale kantienne un empêchement par inconditionnalité, une inhibition tendancielle de l'action qu'il appelle « faute de l'innocence »[3]. Se refuser à l'impureté nécessairement emportée par une action mondaine effective, par exemple « faire du bien aux pauvres », au nom de la non-rationalité du principe prétendument sensible qui oriente ladite action, est un « crime ». La non-action peut être tout aussi « criminelle » que l'action criminelle délibérée.

Ces objections sont devenues classiques. Elles ne prennent pas suffisamment en compte l'effort kantien pour définir malgré tout les contenus de l'action, fût-ce sous la référence « subjective » du « comment ». Elles courent le risque de déporter ce qui concerne la nature de l'inclination poussant à l'action vers la nature de l'action elle-même. La question kantienne, et elle reste entière finalement, c'est celle de l'universalisation. Si je fais ce que je fais, fût-ce le bien le plus manifeste, par inclination, puis-je vouloir que tous fassent

1. G. W. F. Hegel, *L'esprit du christianisme et son destin*, précédé de *L'esprit du judaïsme*, trad. fr. O. Depré, Paris, Vrin, 2003, p. 158.

2. *Ibid.*, p. 166.

3. *Ibid.*, p. 152. Ce qui, en 1798-1799, est imputé à la réflexion d'entendement, cette fausse pureté hypocrite, caractérisera plus tard la *belle âme* qui « vit dans l'angoisse de souiller la splendeur seigneuriale de son intérieur du fait de l'action et l'être-là ; et c'est pour préserver la pureté de son cœur qu'elle fuit le contact de la réalité effective » (*Phénoménologie de l'esprit*, trad. fr. B. Bourgeois, Paris, Vrin, 2018, p. 742).

ce qu'ils font pour le même motif? Je ne le peux pas, à moins de tomber dans un insupportable angélisme, ennemi numéro un de Kant, qui consiste à présupposer que toutes les inclinations sont des inclinations pour le bien. Comme toutes les pensées éthiques fortes, la philosophie morale kantienne est tout sauf irénique. Car elle fait fond sur une doctrine du mal radical et inscrutable. Tendanciellement, tous les hommes, s'ils s'en tiennent au mobile sensible-empirique, feront le mal, qu'ils le veuillent ou non. Ce tour de main philosophique qui est en même temps une conviction anthropologique profonde chez Kant coupe court à la question d'autrui. Celle-ci est subsumée dans le règne des fins par la mise entre parenthèses de toutes les différences personnelles. Répétons-le, Kant ne cesse de soupçonner qu'il y a une violence de la morale, une menace pathologique portée par la morale, si on appelle morale l'ensemble des règles et des prescriptions à quoi je suis contraint par la seule existence d'autrui – ce qui constitue une définition large mais pragmatiquement fondée de la morale.

Ces complexités et ces richesses de la pensée kantienne sont portées à leur comble avec le respect, lequel permettrait en effet de laisser du jeu, dans la loi morale elle-même, aux mobiles sensibles, mais pas au-delà du point où la loi morale, en tant que la sensibilité n'a pas à y être agissante, vacillerait. Tout est ici affaire d'accommodation. Le respect atteste et prévient. Interface où se touchent le désir et la raison, il témoigne de la collision en nous de ces deux facultés puisque nous ne sommes pas des anges. Comme par lui la loi morale prend effectivité, il peut aussi faire office de pare-feu. Kant est assuré que par autrui, une catastrophe peut m'advenir. Donc il en court-circuite les réseaux de transmission – à savoir les motifs sensibles. Il fonde sa morale sur ce court-circuitage. *Achtung*, respect, doit s'entendre comme une mise en garde : attention, autrui ! Le respect tient à distance autrui, et l'altérité en respect. Il signifie, dans la personne, la seule signifiance de la loi. Le respect est pour la loi, la loi tient en respect, autrui est tenu à distance et moi aussi.

On a là un mouvement double, et peut-être contradictoire, non pas du point de la rigueur conceptuelle ou architectonique, mais du point de vue de l'altérité radicale, irréductible, insurmontable. Ce que Kant propose, c'est un appareil « pratique » de surmontement d'autrui.

Ainsi, il épure la pratique de toute empiricité, alors qu'habituellement toute pratique est réputée empirique. Cette pratique pure de toute expérience concerne l'être raisonnable en général et peut donc être élaborée sans mal par des concepts purs. Cette pratique sans expérience, c'est la pratique morale. Relevant de la raison pratique pure, elle ne s'occupera que de la forme de la loi, elle fera en tout cas comme si elle ne s'occupait que de cette forme. On comprend le propos si paradoxal, maintes fois réitéré, de Kant lorsqu'il explique qu'il est bien possible qu'on n'ait encore jamais vu un seul cas ou la maxime d'une action par ailleurs conforme au devoir ait reposé purement et simplement sur des principes moraux et sur la représentation du devoir. Si la loi morale n'est pas suivie par les hommes, et c'est le cas, c'est parce qu'ils font un mauvais usage de leur liberté.

La douche froide est le seul traitement moral de ce paradoxe. Mais nous sommes des animaux à sang chaud, et pour que la thérapie soit efficace, il y faut des transitions, une accommodation, une médiation entre moi et autrui, la médiation de la règle, et en particulier du droit. C'est cette dernière qui produit principiellement la semblance entre moi et l'autre, unique canal de l'universalité. La question d'autrui se réduit donc, de propos délibéré chez Kant, à la question du droit d'autrui. Il y a là un incontestable progrès qui se marque à la fois par une inflexion du droit vers autrui, c'est-à-dire vers les droits de l'homme différents de « mes » droits de l'homme, comme dit Levinas, et par un filtrage d'autrui par le médium du droit. On peut sans peine convenir que cette opération-respect montée par la philosophie morale kantienne est requise et bénéfique. Mais elle n'empêche pas que la question d'autrui ne cesse de faire pragmatiquement retour.

Là où se présente à nous de l'extrême dissemblance, de l'hétéronomie, du sensible, de la naturalité, de la soumission à l'empiricité – et qu'est-ce donc que l'altérité sinon ce registre même ? – la philosophie pratique kantienne veut produire de la ressemblance, de l'universalité, du rationnel. La moralité consisterait précisément à reconduire patiemment cette sensibilité de l'être sensible que je suis évidemment à la suprasensibilité de l'être raisonnable et moral que je suis tout autant. Tout autant c'est-à-dire *davantage* puisqu'on a à faire à la production d'une hiérarchie, condition même sous laquelle la figure d'autrui pourra être court-circuitée et le trouble, le dérangement, la disharmonie qu'elle transporte, refroidis et apaisés.

Kant voit d'avance les gouffres de l'éthique lévinassienne ou du sentiment de puissance nietzschéen. Il tente d'en conjurer les effets vertigineux. On pourrait en dire autant de la lutte pour la reconnaissance hégélienne d'ailleurs. La reconstruction hégélienne d'une subjectivité réinscrite dans le mouvement de son intersubjectivité est une façon remarquable de rappeler les manqués du primat cartésien ou kantien-fichtéen d'une subjectivité amputée, soit substantiellement, soit transcendantalement. La lutte pour la reconnaissance illustre ce rappel par la description phénoménologique de l'efficience de notre dimension de sujets désirants, sensibles et vivants parmi d'autres sujets également désirants, c'est-à-dire affectés et affectants. La lutte pour la reconnaissance est une lutte pour savoir qui l'emportera sur qui, qui affectera le plus l'autre, jusqu'à ce point de basculement de la fixation, relative et éphémère, des positions de maîtrise et de servitude.

Tout ceci, ces motifs brassés par l'éthique lévinassienne, la puissance nietzschéenne, la reconnaissance hégélienne, Kant ne les méconnaît pas ni ne les ignore. Il entend y faire pièce, il nous enjoint d'y résister. La morale, pour lui, c'est cette *résistance à la « résistance de l'inclination »*.

GOUFFRES ET VERTIGES DE LA MORALE

La lecture convenue, pseudo-nietzschéenne, de la morale kantienne est bien connue. Le refus du motif sensible, comme chez bien des philosophes, métaphysiciens et autres théologiens, relèverait tout simplement d'une « exégèse » ou d'un « malentendu du corps », d'un « travestissement inconscient » des besoins physiologiques « sous les masques de la pure intellectualité » [1], voire d'une foncière « ignorance *in physiologicis* » [2] – ou alors et au mieux d'un geste de répression assumée, la douche froide. Ces références nietzschéennes ne suffisent pourtant pas à asseoir une interprétation univoque de Kant. On peut à loisir les multiplier pour aller dans la même direction ou bien les infirmer par la convocation d'autres textes du même Nietzsche. Nietzsche est un philosophe difficile qui avoue et joue continûment de ses « contradictions », « nuances », fractures et clivages. Toute position déterminée d'une thèse ou d'une hypothèse de lecture requiert une audacieuse herméneutique du choix tranché, une décision philosophique grosse du risque d'errer.

Kant est-il l'idéologue en chef de la fabrique de « moraline », vulgaire et naïf? Peut-être. Mais n'y va-t-il pas bien plutôt de l'édification programmée d'un établissement médicalisé, *Anstalt*, de la morale, d'un geste raisonné de construction d'une morale sans chair, sans corps, sans sang, d'une cure, d'une thérapie? Sans nul doute. Nietzsche sait lire Kant mieux que quiconque, d'une part en relevant son profond pessimisme, d'autre part et par voie de conséquence en en analysant l'opération de surenchère comme un « *en dépit de* ». Kant, écrit-il, « croyait en la morale non parce qu'elle est prouvée par la nature et l'histoire, mais en dépit du fait qu'elle est constamment contredite par la nature et l'histoire » [3]. Nietzsche rend

1. F. Nietzsche, *Le gai savoir*, § 2 (dorénavant *GS*). Je me rapporte à l'*DKWB*, éd. cit. (note 1, p. 54).

2. F. Nietzsche, *Ecce homo*, « Pourquoi je suis si avisé », § 2.

3. F. Nietzsche, *Aurore*, Avant-propos, § 3.

bien souvent hommage à Kant, on va le voir; non pas à sa morale, on s'en doute, mais parce qu'il voit en Kant *celui qui a tout compris* et tout travesti, tout transvalué. Le philosophe du respect et du devoir, je l'ai montré, a tout compris en effet du désastre moral de la sensibilité : via la *reconnaissance* de mon désir, son affirmation étant tributaire des autres consciences de soi; via la volonté de *puissance* en tant que subsomption de la volonté sous le sentiment; via la *persécution* à quoi me soumet l'altérité de l'autre homme. Toute la question est alors de savoir quelle est l'efficacité réelle de l'appareil critique d'épuration ou de refroidissement des penchants. Permet-il vraiment d'asseoir la morale sur une règle non empirique effective? Ou bien faut-il dresser le constat d'un échec sans remède, comme fait tout le post-kantisme à commencer par Schopenhauer? Faut-il se débarrasser de Kant, tuer le père de la morale, le pire des « pères-la-morale », afin de retrouver généalogiquement un affect moral originaire?

La première façon de tuer Kant consiste à lui imputer un nihilisme foncièrement pervers. Jacobi est le premier à formuler explicitement cette incrimination, laquelle court ensuite continûment, de Schopenhauer jusqu'à Nietzsche, même si le sens varie fortement. Que signifie-t-elle? Dans sa lettre à Fichte de 1799, où s'atteste le premier usage proprement philosophique de ce terme de nihilisme, s'agissant du rationalisme et de l'idéalisme en général, Jacobi écrit que la métaphysique est par elle-même un nihilisme[1]. Elle est incapable de penser l'existence, la finitude, la vie. Le spinozisme apparaît comme le seul système métaphysique conséquent, car il fournit la vérité de toute métaphysique. Jacobi pense le nihilisme à partir de Spinoza comme Heidegger le fera à partir de Nietzsche et Nietzsche à partir de Schopenhauer, sa « morale de la pitié », son « nouveau bouddhisme », son « nihilisme »[2]. En s'en remettant uniquement à la philosophie spéculative, on ne peut que nier, avec Dieu et la liberté, la réalité même de la nature, explique Jacobi, on

1. « L'idéalisme que je traite de nihilisme », affirme-t-il, F. H. Jacobi, *Œuvres philosophiques*, Paris, Aubier, 1946, p. 328. La lettre a été rééditée en 2009 sous le titre *Lettre sur le nihilisme*, Paris, GF-Flammarion.

2. F. Nietzsche, *Généalogie de la morale*, Avant-propos, § 5.

réduit toutes choses à un principe inconditionné qui est précisément l'inconditionné tel que l'envisage la seule pensée, c'est-à-dire un Néant absolu : « l'homme ne connaît qu'en concevant et il ne conçoit qu'en transformant la chose en simple forme, qu'en faisant de la forme une chose, de la chose un néant » [1] dont tout découlerait nécessairement. Ce néant voue tout « idéalisme », c'est-à-dire toute philosophie, à engloutir la transcendance dans la nuit aveugle de l'immanence, où toutes les vaches sont grises, sauf qu'elles ne sont même pas ! À ce nihilisme, Jacobi oppose une pensée de l'existence singulière et de la vie finie que je ne précise pas davantage ici. Ce que je voudrais souligner, c'est d'abord que l'imputation de nihilisme de la morale s'enracine dans le nihilisme de toute métaphysique. La philosophie est l'histoire successive non pas de l'être mais du rien. Elle part du Néant, passe par le Néant, s'achève dans le Néant. La morale kantienne, « la morale de la raison pure » comme il dit, « se fonde sur cette *volonté qui ne veut rien*, sur cette *personnalité impersonnelle*, sur cette égoïté pure d'un *moi sans essence* propre » [2]. Schopenhauer reprendra ces deux thèmes. Il met en cause la validité même d'une « prétendue raison pratique » et, de là, il reproche vertement à Kant d'établir les bases de sa morale « sur du néant » [3], c'est-à-dire sur cette *volonté qui ne veut rien* comme dit fortement Jacobi.

Nietzsche recueille évidemment cet héritage. Il consiste en un usage et des assignations distinctifs du nihilisme, très différents de la formulation habituelle, russe, anarchiste, politique, de ce terme [4]. Avec Jacobi et ses héritiers en effet, il ne s'agit pas de comprendre le nihilisme comme la négation anarchiste de la morale. Il s'agit tout au contraire de discerner *dans la morale un nihilisme*. Écoutons Nietzsche dans les *Fragments posthumes* : « Le nihilisme européen. La morale existant jusqu'ici comme hostile à la vie. La morale existant jusqu'ici comme elle-même "immorale" » – « Signe de déclin dans la croyance à la morale. Nihilisme » – « La morale… est

1. F. H. Jacobi, *Œuvres philosophiques*, *op. cit.*, p. 314.
2. *Ibid.*, p. 325 (souligné par moi).
3. A. Schopenhauer, *Le fondement de la morale*, *op. cit.*, p. 107 et p. 121.
4. Cf. *Pères et fils* de Tourgueniev.

la cause du pessimisme et du nihilisme » – « Le nihilisme comme la conséquence nécessaire du christianisme, de la morale et du concept de vérité de la philosophie » [1]. Ou encore dans l'*Antéchrist* au § 7, à propos de la morale de compassion cette fois : « la compassion est la pratique du nihilisme… La compassion vous gagne à la cause du néant ».

La morale est une sorte de contre-révélateur, en négatif, de la philosophie en général et à ce titre elle représente le sommet absolu du nihilisme européen. Songeons encore aux premiers paragraphes d'*Aurore*. La descente dostoïevskienne dans les profondeurs de l'être souterrain sert à un travail de sape. Elle s'accompagne de la découverte d'une vérité enfouie : la morale est la « Circé des philosophes », la magicienne qui les transforme en porcs. Elle destitue le monde tel qu'il est, elle opère ce que Jacobi appelle une néantisation du réel, et lui substitue un monde imaginaire, un rien, un non-existant. La généalogie représente le protocole indispensable à la mise à nu de ce nihilisme de la morale – tout comme l'autocritique kantienne de la raison, folle entreprise par ailleurs, constitue la condition de possibilité de la fondation de la morale [2]. C'est la raison pour laquelle la généalogie est avant tout une généalogie *de la morale* et non pas *de la métaphysique*, qu'elle emporte évidemment avec elle. C'est la morale qui est la « Circé des philosophes », et non pas la philosophie qui serait la Circé des moralistes. La tâche est clairement définie. Il faut travailler à ce que la philosophie recouvre son statut originaire, grec si l'on veut, dévoyé et perverti par la morale, d'où la nécessité urgente de la détruire.

La différence entre le geste critique et le geste généalogique porte sur un point précis, qu'on peut facilement déterminer. La critique

1. F. Nietzsche, *Fragments posthumes* (dorénavant *FP*), successivement : été 1886 / automne 1887 ; fin 1886 / automne 1887 ; automne 1887 ; septembre / octobre 1888.

2. F. Nietzsche, *Aurore*, Avant-propos, § 3. Cet argument rejoint partiellement ma lecture symptômale de Kant. Il est en tout cas central dans la destruction nietzschéenne de la morale.

des valeurs morales doit être entreprise soit pour la réinventer sur des bases nouvelles soit pour la détruire définitivement, et entrer dans une nouvelle ère par l'une ou l'autre porte. Il y a chez Kant un refus radical de toute morale de compassion – ce qui lui vaut la sympathie de Nietzsche[1] qui s'en fait un allié contre Schopenhauer. Mais Kant refuse tout autant les morales du bonheur ou du penchant. En d'autres termes la philosophie kantienne repose tout entière sur *une critique de la morale*, quand bien même il s'agit d'établir la morale sur cette critique préalable de toutes les théories morales existantes. Aux yeux de Nietzsche, cette critique est nécessaire mais insuffisante : « la discipline critique et toute habitude qui mène à la propreté et à la sévérité dans les choses de l'esprit, les philosophes de l'avenir ne les exigeront pas seulement d'eux-mêmes : ils pourraient les porter en manière de parure – et pourtant ils ne voudront pas pour cela être appelés critiques… Le grand Chinois de Königsberg n'était lui-même qu'un grand critique »[2]. En quoi la critique de la morale est-elle insuffisante ? S'il faut s'interroger sur l'origine des valeurs morales et, de façon concomitante, en engager la critique, il faut avant tout, c'est-à-dire avant même cette critique, se demander quelle est *la valeur (morale ?) des valeurs morales*[3]. C'est là exactement que se tient la différence spécifique nietzschéenne – et du coup aussi de probables et consistantes difficultés quant à la résistance de la morale elle-même. On va le voir, grâce à Nietzsche ou « en dépit » de lui, la morale se montre incroyablement endurante. Il est bien difficile de s'en débarrasser, sauf à s'imaginer en avoir fini avec elle dès lors qu'on a éliminé la fine pellicule idéologique du moralisme, ce qui est aisé et sans grande portée.

1. *Cf.* F. Nietzsche, *Généalogie de la morale*, Avant-propos, § 5 sur le « mépris » kantien de la pitié et de « l'effémination du sentiment ».

2. *Par-delà le bien et le mal* (dorénavant *PDBM*), § 210. Le ton de la fin du paragraphe n'est pas sans évoquer celui de Marx lorsqu'il s'en prend à la « critique critique » jeune-hégélienne.

3. F. Nietzsche, *Généalogie de la morale* (dorénavant *GM*), Avant-propos, § 6.

SITUATION DE NIETZSCHE

Comprendre Nietzsche, c'est savoir faire usage sur une même balance de deux poids spécifiques : sa pensée des valeurs et sa pensée de la volonté de puissance. Les deux ne relèvent pas toujours d'un même système métrique, les écarts sont récurrents et la mesure peut parfois s'avérer impossible tant les unités qui la permettent sont hétérogènes.

Évaluer la valeur des valeurs morales, et c'est bien ce qu'entreprend Nietzsche, amène à se confronter à deux types de conséquences divergentes, une première série de conséquences du point de vue de l'évaluation généalogique, une autre du point de vue de la volonté de puissance.

Première série : les valeurs morales ne détiennent aucune transcendance, elles sont immanentes à la vie, laquelle ne s'évalue pas puisque c'est elle qui évalue. La vie tout à la fois produit les valeurs et celles-ci en servent la dynamique et l'expansion. Nous accordons de la valeur à ce qui nous est utile vitalement, à ce qui répond à l'exercice de notre puissance du point de vue de la vie. L'idée même d'une morale assise sur des valeurs universelles et désintéressées s'en trouve forcément délégitimée. La morale n'apparaît plus que comme une idéologie, au sens marxien du terme, une fausse transcendance qui viendrait subordonner la vie à ce qui lui est absolument extérieur en en faisant un produit dérivé au lieu de maintenir son statut originaire, vivant – comme s'il était possible de penser une provenance de la vie depuis une instance pure, la raison pratique par exemple. La morale demande à être pensée généalogiquement, c'est-à-dire, pour commencer, dans son immanence.

Il n'est pas impossible, nous nous poserons la question, qu'il y ait chez Nietzsche la tentative de créer une morale immanente, une morale de l'immanence, une éthique de soi au sens que nous avons évoqué au début de ce livre. En tout cas, la morale n'est rien d'autre qu'*une expression*, dans la circonstance générale du triomphe du nihilisme en Occident suite à la transvaluation judéo-philosophico-chrétienne des valeurs, *de notre vie empirique*. Elle est un langage. Elle est la langue de la mystification et de l'aliénation, comme l'est la philosophie pour le jeune Marx. Je suggère ici délibérément une proximité entre Marx et Nietzsche qui n'est guère niable. Au fond, la morale est une « superstructure » secrétée par la vie matérielle elle-même – mais il y a vie et vie, bien sûr, et entre Marx et Nietzsche il n'y va pas du tout de la même vie. La morale est le « langage figuré des passions », écrit Nietzsche, leur « séméiologie » comme on a aussi traduit, une *Zeichensprache der Affekte*, la langue des signes des affects[1]. Elle a donc sa vérité dans les affects qu'elle travestit dans un ensemble de signifiants, lesquels ne sont pas pour autant sans signification pour soi.

Dans ce premier ordre d'arguments et de constats, la question qu'on doit se poser est la suivante : peut-on penser une morale et son exercice, en produire l'analytique complète et comprendre sa conversion en actes sans faire retour aux affects, à ce que le § 335 du *Gai savoir* appelle la « physique », le corps, les passions, les sentiments. Nous nous retrouvons à la croisée des chemins décrite en commençant. Morale de l'inclination ou bien morale du devoir ? La morale forme-t-elle une figuration trompeuse des affects, leur mise en scène, le théâtre d'ombres auquel les hommes se laissent prendre, la Circé des philosophes ? Ou bien représente-t-elle l'instance de transfiguration nécessaire des passions, leur indispensable expurgation par le devoir et l'impératif catégorique ? Nietzsche se tient là au niveau démonstratif ou explicatif qu'il institue comme relevant de la généalogie. Il nous dit : « voilà d'où vient qu'il y a une morale » – d'où le rapprochement avec Marx, possiblement aussi avec Freud pour qui la morale n'est que l'effet du refoulement des pulsions, encore que ce mouvement détient pour lui une quasi-naturalité qui fait qu'on ne s'en débarrasse pas facilement. Mais

1. *PDBM*, Cinquième partie, § 187.

Nietzsche n'est pas qu'un généalogiste. Dans le passage cité plus haut de la *Généalogie de la morale*, il indique que ce n'est pas seulement l'origine de la morale qui importe au philosophe ou plus exactement au « psychologue » ou au « physiologiste ». C'est aussi, c'est surtout, la valeur de la morale, c'est-à-dire la valeur des valeurs morales.

Ce second ordre de conséquences se tient du côté de l'*évaluation* des valeurs, elle-même entée sur l'explication généalogique. Le diagnostic évaluatif tombe comme un couperet : la morale et ses valeurs immémoriales sont hostiles à la vie. Mais quel est le critère ultime de cette évaluation négative ? Au nom de quelles valeurs nouvelles, la valeur de la vieille morale est-elle appelée à sa transvaluation ? Au nom de la vie, de l'éternelle vitalité de la vie. Il y a là un cercle qu'il faut parcourir sans se lasser. Pour le dire d'abord de façon triviale et heurtée : la morale, « c'est pas bien », « c'est pas bon », c'est « mauvais », c'est nocif. La morale nuit à la vie – point de vue ou valeur qui ne peut valoir que « par-delà le bien et le mal », une fois ce site conquis. Dans son efficience psycho-physiologique, la morale ne saurait se réduire à la tranquillité d'une science du bien et du mal et des systèmes de valeurs qui s'y rattachent. Il convient d'en évaluer les effets depuis « l'exégèse du corps » et d'en estimer les conséquences en rapport avec ce qui est « physiquement » bon pour moi. Montaigne avait déjà substitué au critère stoïcien du « ça dépend / ça ne dépend pas de moi », le critère du « ce qui est bon / ce qui n'est pas bon pour moi ». Mais Nietzsche n'est pas Montaigne. Il ne s'agit pas pour lui de se contenter de trouver le « bon » critère et le bien-vivre. Il entend fournir la généalogie précise de notre situation culturelle et civilisationnelle et, de là, produire de nouvelles tables d'évaluation. Pourquoi la morale n'est-elle pas « bonne » ? Parce qu'elle amoindrit ma puissance d'agir par des normes oppressives et arbitraires, parce qu'elle inhibe ma volonté, parce qu'elle réduit le sentiment de ma propre expansion et entrave le déploiement de mes forces. Mais les choses ne sont pas aussi simples que le croit naïvement un certain nietzschéisme libertaire.

La morale est certainement une antinature – et pas seulement du point de vue de la généalogie, Freud et Marx aussi pourraient le dire. Mais il n'est pas possible de renverser tout bonnement, et comme si de rien n'était, cette antinature en nature. Nietzsche le sait parfaitement. En effet, il explique que la morale est une antinature devenue pulsion, devenue quasi-nature. Il y a un « nécessaire » *devenir-instinct de la morale*, une histoire naturelle de l'antinature qui est l'histoire de nos « habitudes héréditaires », de la fabrication des idéaux et des valeurs par le dressage moral, religieux, philosophique, culturel. Ce constat est en même temps la promesse d'une bonne nouvelle et d'un nouvel Évangile. Là où la morale est devenue une seconde nature, là sont également pensables le devenir-innocent, le devenir-sage de l'homme, comme renversement d'une hiérarchie qui n'est qu'affaire de degrés, de différences quantitatives, de grades. D'autres hiérarchies s'enracineront « dans le même sol » mais au bout de « milliers d'années »[1]. En attendant, ce devenir-instinct de la morale, par où s'atteste la puissance, c'est-à-dire l'extraordinaire volonté de puissance qui anime la révolte des esclaves et l'invention des valeurs morales – en attendant donc, ce devenir-instinct se montre dans la moindre de nos indignations morales.

Car dès lors que nous refusons une injustice, par exemple, ou que nous rejetons des normes morales que nous trouvons étouffantes – au nom de quoi le faisons-nous, si ce n'est au nom de valeurs morales déterminées de toute évidence par le critère kantien de l'universalité, au nom d'un idéal de justice, au nom d'une *morale* ? Sauf que cette morale qui se dénie elle-même risque de virer en morale honteuse, en proie à la haine de soi. Qu'on se souvienne de la rhétorique des années militantes d'il y a quelques décennies où s'exprimait une impuissance extraordinaire : « je ne juge pas, je ne porte pas de jugement moral, mais… ». C'est de là que procède chez Nietzsche la condamnation sans appel de l'égalitarisme démocratique, de l'anarchisme, du socialisme, toutes formes selon

1. Je cite ici le remarquable § 107 de *Humain trop humain* (dorénavant *HTH*), I.

lui d'une reconduction insue et naïve, d'un prolongement de la morale par d'autres moyens que ceux du judéo-christianisme, de la bien-pensance et des valeurs anciennes, la même chose en pire !

Le constat opéré à partir de la double série de conséquences qu'on peut tirer du rapport destructif de Nietzsche à la morale est plus complexe qu'on peut croire. Nietzsche détruit objectivement la morale par la démonstration généalogique qui dévoile son origine et sa fonction sociale et historique. Ce mouvement s'effectue d'un point de vue radicalement extérieur à toute morale, ce qui en est la condition quasi-méthodologique. Mais Nietzsche pose à nouveaux frais la question de la morale dans la dimension évaluante de sa pensée, autour de la valeur (morale ou pas) des valeurs (morales dominantes). La redondance est hautement problématique. Non pas parce que Nietzsche restaurerait d'un côté ce qu'il aurait destitué de l'autre. Il déplace la question pour mieux ou tout autrement la poser, en prenant en vue la conséquence obligée de ce déplacement, à savoir la création de valeurs.

D'une part, on pourrait dire qu'il défait définitivement la morale pour entrer dans une éthique de soi, de la vie et de la puissance. Cette première entente requiert toutefois l'exploration d'un autre chemin où l'on voit Nietzsche détruire la morale moraliste, si l'on peut dire, pour mieux, et autrement, statuer sur la morale proprement dite, extramorale, métamorale, sur une autre morale. Une vraie difficulté se présente ici. Ce qu'il nous faut essayer de circonscrire prend la forme d'une question précise : quelle est cette morale dont la présence spectrale continue de se profiler par-delà le bien et le mal ? Que peut-elle bien signifier s'il s'agit d'une morale qui n'est pas une morale et si nous sommes alors contraints d'en distinguer deux plans sédimentés ? Quelle conduite ou quelles conduites pourront s'en déduire ? Il s'agit pour commencer de méthodiquement « donner un sens supramoral » à toutes les « formules morales » [1]. L'évaluation passe par cette donation supramorale, par cette redistribution extramorale de la morale, une fois l'élucidation généalogique

1. *PDBM*, § 257.

effectuée. Ce qui veut dire qu'il y a dans toute évaluation des valeurs morales une tension qui pousse « la morale antérieure » au-delà de ses limites et de « l'accumulation des forces » qu'elle a agglutiné et porté jusqu'à un point menaçant. Ce qui pousse dangereusement la morale au-delà d'elle-même, vers une autre morale qui serait comme une reconfiguration quantitativement supérieure des forces anciennes, c'est la vie « plus grande, plus multiple, plus vaste » lorsqu'elle « franchit les bornes » des vieilles valeurs épuisées et finies [1]. Trois aspects demandent alors à être abordés et clarifiés : la création de valeurs, la probité, le sentiment de la puissance.

1. *PDBM*, § 262.

LA CRÉATION DE VALEURS

Qu'est-ce que Nietzsche appelle « création de valeurs » ? L'impératif en est commandé par le refus affirmé du nihilisme. C'est qu'un monde sans valeur, au double sens de l'expression, n'est même pas pensable. Seul y croit, dans sa bêtise de malin, le dernier homme, lui qui, bien sûr, n'est la dupe de rien ni de personne, et moins encore d'une quelconque valeur – on ne la lui fait pas ! Pour lui, point de but, point de réponse à la question « pourquoi ? », juste une dévalorisation universelle et continue des plus hautes valeurs. Ni finalité morale, ni Dieu, ni maître, ni valeurs, ni contre-valeurs – tout cela ne lui tire que ricanements satisfaits. Or l'idée de création de valeurs présuppose qu'une « autre morale », radicalement anti-morale et dont les contours doivent encore être précisés, peut être créée à partir de valeurs nouvelles. Mais après tout, dirait le dernier homme, pourquoi des valeurs ? Parce que l'évaluation se pose la question de la valeur des valeurs : que vaut telle ou telle valeur ? Mais d'où vient cette question et d'où se détermine la valeur de la valeur ? Depuis la vie vivante, c'est-à-dire depuis « la volonté de puissance incarnée », depuis le corps qui « voudra croître et s'étendre, accaparer, conquérir la prépondérance, non pour je ne sais quelles raisons morales ou immorales, mais parce qu'il vit et que la vie, précisément, est volonté de puissance » [1]. La vie, le « sens » ou la « valeur » de la vie ne sont pas extérieurs à la vie. Ils ne sont strictement rien d'autre que la volonté de vivre.

Les hommes veulent vivre pour vivre, sans référence à des valeurs instituées. C'est ce que signifie minimalement la volonté de puissance. Ils ont donc besoin d'instruments évaluatifs qui leur permettent de vivre en jugeant leurs actions selon qu'elles servent ou desservent leur vie. La valeur de ces actions n'est pas de l'ordre de la vérité. Il n'y a pas d'action plus vraie qu'une autre même si

1. *PDBM*, § 259.

la vérité ne cesse de déterminer l'intensité de la vie vivante (cette question de la vérité, de la véracité, du tenir-pour-vrai, est au centre de la probité nietzschéenne, on va le voir). Toute idée de conformité à une norme apparaît alors quasiment futile. Car vivre, c'est toujours déjà, originairement, se tenir dans sa vie comme volonté. Vivre est une cohésion vivante plus tranchée et plus existante, plus réelle, que toute cohérence simplement logique. Vivre ne se peut que selon des choix, des affects, des valeurs, soit les instruments évaluatifs dont je viens de parler. C'est là que ce mot de *valeurs*, et la « chose » qu'il désigne, se compliquent. D'abord, aucune valeur n'est transcendante, toutes les valeurs sont conventionnelles, d'une certaine façon, en une certaine entente, toutes se valent ; et le nihilisme est bien ce constant péril qui borde la pensée de Nietzsche. Par ailleurs, l'unique critère qui permettrait au moins de prendre acte que certaines valeurs valent mieux que d'autres, étant bien entendues qu'elles relèvent toutes d'un certain arbitraire, c'est la vie, qui est la force antinihiliste par excellence. Ce qui légitime une valeur, c'est qu'elle permet de vivre et de vivre mieux et plus intensément qu'une autre. La capacité qu'a une valeur à servir la vie la rendra utile, vivante. Elle présidera alors à sa « création » – pour ajouter encore à la circularité du raisonnement.

Lorsque la vie évalue ce qui est pour elle utile ou nuisible, elle le fait en portant un jugement de valeur, elle calcule, on doit même dire qu'elle raisonne. Cette raison-là, la « grande raison », Nietzsche l'associe souvent, dans certaines pages d'*Aurore* par exemple, à la puissance des affects de façon tout à fait singulière. Il se fait à la fois le contempteur des sentiments, des bons sentiments, au nom de la raison, et le contempteur de la raison étroite, de la rationalité logique, au nom des affects et de la vérité du corps. Ainsi, constater que la vie, c'est-à-dire la volonté de puissance, est par définition créatrice de valeurs implique une sorte de raisonnement, une délibération. La volonté de puissance est l'instance active et vivante de la *création*, ou de la « fixation » dit parfois Nietzsche, *de valeur* ou de la *création* tout court, artistique en particulier. On voit la difficulté. Considérer une valeur comme quelque chose qui se crée et qui se détruit, voire comme une « mode »[1], revient purement et simplement à en détruire le concept, en tout cas à détruire un certain concept de valeur, celui que porte sa signification philosophique traditionnelle, dès lors vidée de sa consistance. Jusqu'à Nietzsche, la valeur constitue l'essence intégrée des choses. Engager une recherche sur ce qu'est telle ou telle chose revient à s'interroger sur sa valeur intrinsèque, propre, immuable, jusqu'à asseoir la connaissance du monde sur une quasi-axiologie. C'est là que se joue en large part « l'inversion du platonisme ». Platon en effet, selon Nietzsche, mesure le degré de réalité des choses d'après leur degré de valeur. De ce point de vue, on pourrait d'ailleurs sommairement définir la doctrine des Idées comme une doctrine des Valeurs.

On comprend pourquoi cette idée de création ou de destruction des valeurs ne peut pas être recevable pour la tradition (platonicienne). Traiter les valeurs comme une émanation de la puissance au lieu de considérer la puissance comme l'effet des valeurs, la conséquence du Bien par exemple, voilà le point d'Archimède de la transvaluation, laquelle emporte dans son mouvement de nombreux enchaînements interrogatifs autour des *3 V*, vie, volonté, valeur. La transvaluation conteste d'abord principiellement que les valeurs soient, par essence, des entités métaphysiques antinomiques. La question traditionnelle « qu'est-ce que ? » revient, une fois déchiffrée, à demander « que vaut ceci ou cela ? ». Mais ce mouvement traverse déjà la tradition du dedans et la transvaluation a pour but de le transvaluer à même lui-même en quelque sorte. Les objets du savoir s'inscrivent dans une hiérarchie des valeurs (le beau, le bien, le vrai, etc.), de sorte que la question qui se pose, c'est celle du rapport entre les valeurs particulières et les situations particulières, constamment variables, où se trouvent les hommes. Mais quels hommes ? Dans quelles conditions ? À quelles fins ? Pour quoi faire ? La question « qu'est-ce que ? » est beaucoup trop simple. Il faut donc la rendre à sa complexité oubliée en l'étoffant de sa doublure généalogique

1. F. Nietzsche, *Aurore*, § 131, « Les modes morales » ; *cf.* également § 133, § 174.

« d'où vient que… ? », comment se fait-il que… ? Et le fond de cette question généalogique, c'est toujours « que veut ? ». Ce « que veut ? », il faudra encore l'entendre comme un « que vaut ? ». Que vaut ceci ou cela du point de vue de la vie, pour parvenir au « sentiment le plus élevé »[1] ? Nietzsche rapporte souvent ce « que vaut ? » à un « qui ? » : « les dénominations de valeurs ont d'abord été appliquées aux hommes et plus tard seulement, par dérivation, aux actions. C'est pourquoi les historiens de la morale commettent une grave erreur en commençant leurs recherches par une question comme celle-ci : "pourquoi louons-nous une action qui se fait par pitié ? ". L'homme noble possède le sentiment intime qu'il a le droit de déterminer la valeur, il n'a pas besoin de ratification, il estime que ce qui lui est dommageable est dommageable en soi … il est créateur de valeurs »[2]. Pour qui vaut telle ou telle valeur déterminée ? Ici, pour « l'homme noble » qui établit de lui-même ce qui est utile ou nuisible.

La question : « qui ? », que Nietzsche contrepose à « qu'est-ce que ? », via l'origine, la volonté et la valeur, est une question sur les forces, pas sur l'individualité ou sur ce que Levinas appelait la quisnité. Quelles sont les forces qui s'emparent de la chose, quelle est la volonté qui la possède, cette chose ? Au fond, la vieille question quidditative demeure : qu'est-ce que c'est cette chose-même pour moi, pour nous, pour tout ce qui vit ? Mais par la question « qui ? » ou « pour qui ? » se révèle et s'exprime la diversité des forces et des passions produites par la volonté de puissance. Nietzsche peut ainsi écrire – sans qu'il y ait lieu d'y voir un déni du « qui ? » : « on ne demandera pas : *qui donc* interprète ? C'est l'interprétation elle-même, forme de la volonté de puissance, qui existe (non comme un « être » mais comme un *processus*, un *devenir*), en tant qu'*affect* »[3]. Cette « interprétation » dont parle Nietzsche possède tous les caractères de l'*affirmation*. La création de valeurs est bien cette affirmation par l'affect, le sentiment, la passion du « valeureux »

1. *FP*, 11[163], printemps-automne 1881. Cf. *infra* p. 91.
2. *PDBM* IX, « Qu'est-ce qui est noble ? », § 260.
3. *FP*, 2[151], automne 1885 – automne 1886.

pour sa valeur propre. Telle est la part de « l'homme noble ». La volonté négative relève elle aussi d'une passion, mais d'une passion purement réactive, la crainte ou le ressentiment, par exemple. Elle en veut à une force qui la domine plutôt qu'elle ne se veut elle-même dans ses forces propres. Elle s'accomplit dans une élaboration intellectuelle seconde. Cette non-immédiateté, cette non-originarité du réactif est typique de la morale kantienne. Le réactif ne détient pas de vraie qualité de passion. Ce défaut est minutieusement construit par Kant comme une condition de possibilité, retournant un vide, un néant, en vertu plénière, selon une subtile transvaluation ou contre-transvaluation. Le réactif est donc dépourvu, à *vrai dire*, de volonté. Il se caractérise par un travestissement volontaire ou involontaire de la passion, que la menace des forts rend nécessaire. Là encore, la réactivité fait passer une débilité de la passion pour une valeur en soi, la tempérance, la modération, la sagesse, la morale exemplairement comme le règne de ces valeurs en soi. Pourquoi cette opération, morale au sens large, kantienne pour l'essentiel ? Parce qu'il s'agirait de disqualifier les passions vraies et puissantes des forts au profit d'un éloge du désintéressement. Or il faut délibérément préférer Stendhal et la « promesse de bonheur » qui meut son esthétique de la vie à Kant ou à Schopenhauer [1]. Valeur contre valeur, force contre force.

Car la volonté négative-réactive évalue elle aussi, mais en fonction de valeurs non créées par elle dont l'absolu et l'universel forment le noyau d'être, immuable, éternel. C'est sous cette seule condition que la morale peut prendre consistance car autrement la chute dans le plus complet des nihilismes, soit dans un relativisme des valeurs sans remède, serait inévitable. À nouveau, tangence et complexité de Nietzsche, ennemi acharné du nihilisme *et* de la morale. Mais pourtant la morale ne se veut-elle pas elle-même

1. *GM*, troisième dissertation, § 6. Je n'ai guère le temps de montrer à quel point le *De l'amour* fourmille de formules et d'analyses qu'on pourrait qualifier de pré-nietzschéennes en tant qu'il se veut une « physiologie de l'amour » requérant l'« esprit sec » d'un clinicien capable d'en décrire la « pathologie » et d'en écrire l'histoire.

l'efficace contre-poison au nihilisme ? Ce que Nietzsche met au jour, c'est que ce contrepoison ne marche pas. Tout nihilisme est à ses yeux une morale non-surmontée (*unüberwunden*), écrit-il à propos du bouddhisme indien. Tout nihilisme porte en lui une mélancolie morale, la nostalgie d'un monde de valeurs dont la perte ou le constat d'inexistence le mènent à conclure que la vie ne vaut rien, qu'elle n'est qu'une fatale combinaison existentielle de faute et d'erreur. À ce nihilisme de l'inachèvement de la morale, dont la tentation est perpétuelle, il faut opposer un véritable surmontement de la morale, soit son « autosurmontement », en rassemblant de « nouvelles forces interprétatives »[1] afin d'aider à passer de l'ère morale où nous vivons encore à une ère post et extra-morale[2] où s'affirmera la volonté de puissance proprement dite, la volonté affirmative.

Celle-ci éprouve, c'est sa marque, des passions spontanées, de *vraies* passions. C'est à ce titre qu'elle est dite « un processus, un devenir », à partir desquelles elle a la puissance de *créer* des valeurs. Ce serait se méprendre sur le sens de ces mots, processus, devenir, que d'y entendre un finalisme, une téléologie, ce qui reviendrait encore une fois, après Hegel, à vouloir prouver la domination du motif moral à travers les processus historiques pseudo-objectifs. La transvaluation, répétons-le, opère devenir contre devenir, instinct contre instinct, force contre force. Il n'y a pas des « contradictions », mais simplement des différences de degré et d'intensité, des modifications insensibles et successives, entre le bien et le mal par exemple, ou entre la morale qui domine aujourd'hui et la sagesse extra-morale qu'elle préfigure et qui en sortira[3]. La proposition quantitative nietzschéenne doit s'entendre aussi, surtout, de *la valeur* elle-même. L'« ignorance » de l'idéalisme quant à la chose-même du corps se rend effective par « l'introduction » des « antinomies » aux lieux et places des « degrés et des rangs naturels ». Car alors « les valeurs » se « détachent du réel », et, « au lieu de conduire

1. *FP*, été 1886- automne 1887, 5[70].
2. *PDBM* II, § 32, où l'histoire de la morale est divisée en trois grandes périodes.
3. *HTH* I, p. 115.

l'action », elles « se tournent contre elle et la condamnent »[1]. La vérité, par exemple, doit servir à lutter. Comme d'un instrument ou d'un outil, il est impérieux qu'on puisse aussi s'en détourner, s'en divertir. Il faut pouvoir s'en reposer dans la non-vérité[2], afin de demeurer vivant.

La volonté de puissance s'applique à tous et à personne. Il n'y a aucun sens à la blâmer car on le ferait toujours en vertu de cette même volonté de puissance, autrement modulée dans ses poussées interprétantes. C'est elle qui nous fait vivre et procure le sentiment irrépressible de notre puissance, de notre capacité à reconfigurer les devenirs-instincts dont nous sommes les héritiers en innocence retrouvée : « qu'est-ce qui est bon ? – Tout ce qui élève en l'homme le sentiment de la puissance, la volonté de puissance, la puissance même. Qu'est-ce qui est mauvais ? – Tout ce qui provient de la faiblesse. Qu'est-ce que le bonheur ? Le sentiment que la force croît, qu'une résistance est surmontée »[3].

La « création de valeurs » ouvre à la possibilité d'une métamorale. Le refus de la morale, puisqu'il s'effectue en vertu d'un bonheur, d'une santé, d'une justice, engage l'invention d'une « autre morale ». Ce processus, ce devenir, se nourrissent d'affects. L'autre morale est une passion, un sentiment qui élève, une pratique de soi. Parmi ses conditions affectives ou ses contenus instinctifs se tient la probité.

1. *PDBM*, « Préface », § 2.
2. *Aurore*, § 507.
3. F. Nietzsche, *L'Antéchrist*, § 2.

LA PROBITÉ

La probité est en effet posée par Nietzsche dans l'ordre de l'affect ou de la pulsion[1], alors qu'elle désigne en même temps une vertu quasi-morale. Mais tout est affaire de degré. La probité consiste en une inébranlable volonté de « dire la vérité » de la morale, tâche plénière du « philosophe de l'avenir ». *Dire la vérité de la morale*, pourquoi ? Parce que le vrai philosophe est « *assoiffé de raison* »[2]. L'expression est hautement intéressante et fortement problématique sous la plume de Nietzsche. Dire la vérité consiste généalogiquement à rapporter les motifs de la morale, ses contenus normatifs et ses valeurs universelles, à la nature de la volonté de puissance qui l'inspire, et, par là même, à juger de sa véritable valeur[3]. Mais rien n'est moins simple que cette notion de vérité sédimentée par une double puissance. Elle est toujours la vérité de la vérité. Nous en avons d'autant plus soif que les philosophes actuels, les réalistes, les utilitaristes, les empiristes, « les philosophes du mélimélo », les « charlatans », les « imposteurs » qui ne méritent même pas d'être appelés « philosophes », sont incapables de s'en acquitter. Par leurs efforts et leurs mensonges, ils ne font qu'attester qu'une certaine philosophie en est bel et bien venue à sa « fin »[4]. La probité, pour être à même de dire la vérité de la morale, doit d'abord la « décomposer » (*zersetzen*) puis la rapporter à notre salubre « sens des faits » (*Tatsachen-Sinn*), lequel va toujours contre la tentation de la soumission d'esclave[5].

1. Cf. *FP*, automne 1880, 6[67], où est évoqué « *der Trieb der Redlichkeit* » ou encore « *die Leidenschaft* », la *pulsion* et la *passion* de la probité (traduit de multiples façons en français).
2. *GS*, § 319.
3. *PDBM*, § 227.
4. *PDBM*, § 204.
5. Cf. *FP*, printemps 1884, 25[101] où l'opération est clairement décrite.

Singulière vertu que la probité. Inédite, puisqu'elle se tient au deuxième degré de la qualité morale au sens habituel, elle ne relève ni des vertus socratiques, ni des vertus chrétiennes : « c'est une vertu des plus jeunes, encore éloignée de la maturité, souvent encore confondue avec une autre et souvent méconnue, ayant à peine conscience d'elle-même – quelque chose qui devient. » Cette probité « devenue instinct de passion, fait la guerre aux saints mensonges, plus qu'à tout autre mensonge » [1]. Elle consiste à démasquer les mensonges de la morale et la pseudo-sainteté de cette dernière. Mais au nom de quoi ? Au nom d'une autre vérité de la morale qui en passe par sa *Zersetzung*, comme si la morale ne pouvait être morale qu'à surmonter ses propres mensonges et passer cette épreuve du feu à quoi la probité la soumet. Mais pourquoi, là encore, préférer la vérité au mensonge, la morale démasquée aux masques et artifices qu'elle s'est historiquement inventés ? Parce que la probité nous instruit de son incontournable leçon. Elle a affaire en effet à des métaconcepts, vérité et mensonge de la morale, qui ne sont pas neutres, comme on dit, puisqu'ils régulent axiologiquement la volonté de puissance. Il n'y a pas de valeur transcendante, de valeur inhérente aux choses, indépendamment de cette instance évaluatrice qu'est la volonté de puissance : « vous dites que la morale de la pitié est une morale supérieure à celle du stoïcisme ? Prouvez-le ! Mais notez bien qu'il ne faut pas mesurer derechef le « supérieur » et l'« inférieur » en morale avec une toise morale : car il n'y a pas de morale absolue [c'est à dire encore : pas de *valeur* absolue]. Allez donc chercher vos critères ailleurs et – soyez sur vos gardes ! » [2].

La vérité n'est pas plus digne que le mensonge puisqu'elle n'est pas une valeur mais un état de fait qui constitue une instance d'évaluation. Celle-ci ne peut évaluer que par rapport à elle-même, grâce à un jugement qui n'engage qu'elle-même et la valeur que l'on veut bien lui accorder. La valeur ne peut en aucun cas prétendre à l'absolu. On voit bien la complexité de la position nietzschéenne

1. *FP*, printemps 1884, 25[101].
2. *Aurore* II, aphorisme 139.

et la difficulté du projet qu'elle inaugure : déterminer la valeur des valeurs, poser l'instance évaluatrice, soit la vérité de…, comme ayant elle-même à être évaluée. Nietzsche ne s'expose-t-il pas alors au risque d'une dérive indéfinie sans possibilité d'un quelconque *ananké stenai*? Comme il n'existe pas de valeur absolue ou universelle, nous sommes indéfiniment renvoyés à la position d'une nouvelle instance évaluatrice, de telle sorte que la tâche même de dire la vérité de la vérité finisse par une aporie aussi redoutable que celle portée par la critique aristotélicienne de la doctrine des Idées, la prolifération d'un tiers terme ne cessant de creuser du dedans la doctrine elle-même. La question reste donc de savoir pourquoi Nietzsche accorde sa préférence à la vérité, fût-elle vérité de la vérité, plutôt qu'au mensonge, fût-il illusion vitale.

On peut essayer d'y répondre en faisant intervenir une distinction entre deux distinctions – par où la probité retrouve son chemin et témoigne de son efficience, sans acquérir de statut théorique impeccable, mais selon un effet de réalité, selon une opérativité concrète qui permettrait, par la *Zersetzung*, de tenir le principe énoncé à l'aphorisme 108 de *Par-delà le bien et le mal* : « il n'y a a pas de phénomènes moraux, mais seulement une interprétation morale des phénomènes ». De même qu'il faut impérativement faire la différence entre bien/mal et bon/mauvais, il ne faut pas confondre vérité/mensonge et vérité/erreur (ou fausseté).

Ce dernier couple, vrai/faux, relève intégralement de l'antinomie métaphysique caractérisée. Il est certainement nécessaire d'en retracer la généalogie et de la défaire dans sa fixité. C'est ce que Hegel a déjà fait, sans attendre Nietzsche, lorsqu'il en décomposa l'inertie prédicative au profit de sa fluidification spéculative. Le vrai et le faux ne sont pas des « monnaies » séparées qu'on pourrait tranquillement mettre dans sa poche, mais des « moments » s'autodifférenciant de la substance, comme on peut lire dans la *Phénoménologie de l'esprit*.

Mais c'est l'autre couple, vérité / mensonge, qui importe désormais bien davantage. C'est là que la probité doit faire son office. L'opposition supposée du vrai et du mensonger relève à la fois de l'anthropologie et de la morale. Nous sommes culturellement habitués à mentir, en vertu d'une très longue histoire, sans que la volonté de puissance puisse jamais renoncer à l'impérieuse nécessité d'un tenir-pour-vrai qui est autre chose que la vérité [1]. Contre la dépersonnalisation nécessairement attachée à l'usage conceptuel du couple vrai/faux, le couple vrai/mensonger oblige à une distribution historique et culturelle entre hommes *véridiques* et *menteurs*. Ceci est requis par la généalogie elle-même, si l'on suppose comme Nietzsche que « les qualificatifs moraux ont été d'abord appliqués aux *hommes*, plus tard et par extension aux *actes* ». Les véridiques sont les *créateurs de valeurs* [2]. Les menteurs en revanche ne créent pas, ils inventent un simulacre, ils fictionnent un absolu. S'ils mentent et recourent à des leurres, c'est pour mieux contourner, éviter et dissimuler le lieu de la vérité de toute vérité, le corps, « la physique ». C'est là que se tient leur foncière improbité, même, surtout, s'ils mentent à leur corps défendant. Est probe, à vrai dire, celui qui sans relâche fait mémoire du corps, en rappelle la force et nous somme d'être lucides devant cette force. Tout se tient : « il nous faut être des physiciens pour pouvoir être des créateurs … c'est pourquoi : vive la physique ! Et davantage encore ce qui nous contraint d'y venir – notre probité ! » [3].

Les questions « morales », soit la morale proprement dite et son « surmontement supramoral », relèvent de part en part du registre de la passion – voilà ce qu'atteste indéniablement la probité substituée à la « quête de vérité » du philosophe, elle-même secrètement nouée autour d'un affect. Comme pulsion du vrai, toute vérité en effet, celle du philosophe, celle du prêtre, autant que celle du généalogiste et du créateur de valeurs, est vérité du corps, et appelle à son déchiffrement et à sa révélation comme tels. « Le corps parle plus probement » que toutes les voix qui prêchent [4]. S'opère ainsi, par la

1. Cf. *PDBM* V, § 192 et *PDBM* I, § 11.

2. *PDBM* IX, § 260 et *GM*, Première dissertation, § 5.

3. *GS* IV, § 336.

4. « *Redlicher redet und reiner der gesunde Leib* » ; F. Nietzsche, *Ainsi parlait Zarathoustra*, I, « Des hallucinés de l'arrière-monde ».

généalogie d'une part et par l'évaluation d'autre part, un formidable déplacement de la question de la morale vers sa destruction tendancielle, mais au prix d'un grand nombre de difficultés que la pensée de Nietzsche ne règle pas. Il y va pour lui d'abord d'un péril à conjurer, le nihilisme. La destruction des valeurs ne se peut donc qu'accompagnée d'une « création de valeurs », au nom d'une non encore existante « autre morale », d'« une infinité d'autres morales ». Le refus du nihilisme s'autorise et se nourrit d'un affect ou d'un contre-affect qui tend à poser la question morale dans l'ordre, ou le désordre, de la passion c'est-à-dire d'emblée au-delà du bien et du mal. La probité, en tant qu'elle restaure la question du « but » et le « pourquoi ? », n'est rien d'autre que l'attestation nietzschéenne de cette passion, son mouvement, son exposition. Passion de la vérité, la probité s'exerce contre le double mensonge solidaire de la « vérité » : la croyance en un « monde vrai » plus vrai que notre monde réel – mais illusoire ; la croyance morale qui déduit de cette fausse transcendance un système de « vraies » valeurs. La probité accompagne l'élan qui quête la valeur des valeurs telle que la vivifie la volonté de puissance. La probité traque moins l'illusion qui peut être vitale que le mensonge toujours mortifère puisqu'il se tient dans le déni du corps et de sa vérité propre.

LES IMPROBITÉS

La probité est l'indice d'elle-même, c'est-à-dire de la vie dans la vérité, et des improbités manifestes et massives mises en pensée, voire en système par les philosophies et les religions. À commencer par Kant.

L'improbité foncière de Kant tient avant tout à son refus massif, pensé, médité et prémédité, de la « physique ». Ce refus relève selon Nietzsche d'un véritable art d'écrire, voire d'une toute pascalienne « pensée de derrière », stratégique et concertée, « détrôner l'intellect, décapiter le savoir au profit de la foi chrétienne »[1]. L'improbité kantienne se révèle alors dans une « cruauté ascétique » dont les « relents » traversent continûment sa morale[2]. Ce « sadisme » kantien, exploré en leur temps par Adorno et Horkheimer, vient de ce que le refus du corps n'est nullement dissimulé dans la honte ou avoué avec peine puisqu'il est l'enjeu d'une stratégie de pensée. Dans son universalité sans reste, il ne souffre aucune exception. Il est même pleinement thématisé selon un régime de pensée aussi rigoureux que le devoir moral lui-même, aussi strict dans sa vérité que les requisits qui lui sont associés. Il y a donc une sorte de « probité » inversée dans le kantisme, particulièrement perverse aux yeux de Nietzsche, qui est en fait le comble de l'improbité. L'extrême lucidité de Kant sur les choses de la morale, telle que je l'ai décrite plus haut, emphatique, poussée jusqu'à ses conséquences les plus radicales, le refus intégral du « corps » par exemple, le désigne évidemment, pour Nietzsche, comme son adversaire principal.

Hegel avait déjà relevé, sinon une improbité, du moins un paradoxe pratique kantien, une tension insurmontable entre la pureté de l'intention et la grandeur de l'action. Dans la *Phénoménologie de l'esprit* ou la *Philosophie du droit*, la morale kantienne est accusée,

1. Cf. *FP*, 7[34], fin 1880
2. *Aurore* IV, § 339 et *GM* II, § 6.

en raison de son abstraction et de son incapacité à sortir de l'intention pure, de ne jamais pouvoir aboutir à la moindre action réelle, d'où son « crime » et sa « culpabilité » pseudo-innocente. De surcroît, cette impuissance s'exposerait constamment au péril du fanatisme et du terrorisme. Lorsque le réel ne répond plus aux prétentions de la liberté abstraite, celle-ci, la « liberté négative » ou la « liberté du vide » comme dit Hegel, finit par nier le réel qui lui résiste et par s'abîmer dans « la fureur de la destruction » [1].

Le « fanatisme » selon Hegel et la « cruauté » selon Nietzsche ne sont pas congruents. Mais si l'on considère que l'improbité kantienne consiste en une probité qui se tiendrait sur la tête, on conviendra que les deux philosophes sont attentifs l'un et l'autre aux effets d'inversion-perversion portés en profondeur selon eux par le système moral kantien.

L'improbité kantienne se déclinerait, d'un point de vue nietzschéen, sur divers registres et selon plusieurs questions, le désintéressement, la compassion et, pour finir, la morale elle-même. Schopenhauer avait déjà dénoncé le caractère profondément égoïste de la morale kantienne. Nietzsche en reprend le motif [2] en questionnant particulièrement le statut du désintéressement, toujours suspect, tant dans le domaine esthétique, où Stendhal vaut mieux que Kant, qu'en morale. À vrai dire, Nietzsche associe les deux registres en les rapportant l'un et l'autre à l'intérêt sexuel, que l'art autant que l'éthique auraient pour fonction d'inhiber, par la contemplation ou la prescription [3]. Cette profonde ambivalence du « désintéressement »

1. *Cf.* le § 5 des *Principes de la philosophie du droit*, trad. fr. R. Derathé, Paris, Vrin, 1986, p. 73. On pourrait avancer, mais c'est une autre question, que Kant a constamment dénoncé tout « despotisme moral » : « malheur au législateur qui voudrait établir par la contrainte une constitution à des fins éthiques car non seulement il ferait ainsi le contraire de cette constitution, mais de plus il saperait sa constitution politique et lui ôterait toute solidité », *La religion dans les limites de la simple raison*, trad. fr. J. Gibelin, Paris, Vrin, 1972, p. 130. Dans *Mein Kampf*, Hitler prescrira au contraire à « l'État total » de « ne jamais tolérer la moindre différence entre le droit et la morale » !

2. *GS*, § 335.

3. *GM* III, § 6. Schopenhauer est encore plus nuisible que Kant sous cet aspect de « l'expérience sexuelle ».

associée au refus de l'inclination « physique » est au cœur de l'improbité kantienne. Ceci éclaire par contraste la nature de la probité nietzschéenne : l'effort vers la vérité en morale passe par l'élucidation de la vérité de la morale, de ses faux-semblants, de l'inversion des valeurs qui ne sont que ses travestissements [1]. Il faut y regarder de près, comme ferait un médecin auprès d'un malade, il faut même y regarder par en-dessous, comme on soulève une robe. Le désintéressement n'est que le voile de l'intérêt égoïste, le refus de l'inclination sensible, la parure d'un intérêt forcené pour le corps ; le devoir rien d'autre que le masque d'une excitation. Mais Nietzsche n'est pas simplement le penseur soupçonneux de la vérité mise à nu par ses soins. Sous cette nudité s'aperçoivent d'autres vêtures, sous les masques et les voiles, d'autres masques et d'autres voiles. La profondeur n'est que l'apparence superficielle d'une surface tout en vérités pudiques. Il est très périlleux de lire Nietzsche hors de ce principe de précaution théorique, lequel est lui-même à la source de la mise en abyme de la morale – par l'interprétation.

Animal herméneutique, l'homme agence les choses en leur donnant *un* sens. C'est de cette façon, par l'interprétation, que la volonté de puissance se les approprie : « La volonté de puissance interprète (– la formation d'un organe résulte d'une interprétation) : elle délimite, fixe des degrés, des différences de puissance. [...] – En vérité interpréter un fait, c'est déjà un moyen de s'en rendre maître » [2]. L'interprétation est la seule voie dont nous disposions pour accéder à l'existence des choses. Et s'« *il n'y a pas de faits mais seulement des interprétations* », selon le fragment de 1887, alors s'ouvre une nouvelle perspective. Il n'y a pas un sens unique à l'existence, absolu ou transcendant, mais une infinité plastique de sens, en rapport avec la multiplicité caractéristique de l'humain et de ses types. Voilà pourquoi la promesse d'une autre morale, d'un autre sens, peut s'énoncer – celle dont parlent les premières lignes

1. « J'ai moi-même l'honneur d'être... un *génie de la vérité* » (*Dernières lettres*, trad. Y. Souladié, Paris, Manucius, 2011, p. 164). Cf. *Ecce Homo*, « Pourquoi je suis un destin », § 1 : « c'est la vérité qui parle par ma bouche. Mais ma vérité est terrible car jusqu'à présent c'est le mensonge qu'on baptisait vérité ».

2. *FP*, 2[148], automne 1885 – automne 1886.

d'*Aurore*, celle que la morale qui vaut aujourd'hui offusque et entrave sans cesse et partout.

De fait, la probité n'est rien d'autre que la vertu même de l'opération généalogique, son élan et son garant. Son mouvement la porte ainsi forcément vers l'examen de la compassion. Sur ce point, Nietzsche tient une sorte d'équilibre entre Kant et Schopenhauer, une balance : au débit de Kant, la morale et son improbité, à son crédit son « insensibilité à la souffrance d'autrui »[1] ; au crédit de Schopenhauer, sa critique acerbe de l'improbité de la morale kantienne ; à son débit, sa « doctrine des affections sympathiques » comme dit Nietzsche, ce lamentable « bric à brac sentimental »[2].

La compassion est une passion, mais triste. Alors que l'autre morale est une autre passion, une passion toute différente, soit une « émotion tonique qui élève l'énergie du sentiment vital »[3]. L'argument nietzschéen est plus convaincant dans l'*Antéchrist* que dans *Aurore* sur ce point. Il consiste en gros à soutenir que lorsque nous compatissons, nous y prenons du plaisir et en éprouvons même du « bonheur ». La souffrance d'autrui nous est donc cause de satisfaction, voire d'une jouissance de vengeance, parfois masquée, parfois à peine dissimulée[4]. Plus grave, en compatissant nous accroissons la souffrance du monde car nous ajoutons encore à la négation de la vie et nous contribuons à sa destruction. La compassion, c'est « la pratique du nihilisme »[5]. Pour nier la souffrance, au lieu d'en reconnaître l'irréductibilité ontologique, on nie la vie, comme en témoigne la funeste cohérence de la pensée schopenhauérienne. Ces « négations » nihilistes sont autant d'improbités, attachées plus ou moins directement à l'improbité première, celle de la morale, qui emporte quelques conséquences philosophiques soigneusement éxaminées par Nietzsche.

1. *Aurore* II, § 132.
2. *Ibid.*, § 133 *sq*.
3. *L'Antéchrist*, § 7.
4. *Aurore* II, § 133-138.
5. *L'Antéchrist*, § 7.

La morale suppose d'abord que tout acte est intentionnel, voulu, revendiqué. Kant et Schopenhauer se retrouvent peu ou prou sur ce point, même si le second substitue une « mythologie » de la volonté censément simple et immédiate à l'analyse kantienne de la volonté bonne, ce qui aggrave encore le cas du vouloir, selon un geste typique de la lecture nietzschéenne de Schopenhauer. Il convient au contraire de penser *une non-intentionnalité* foncière et radicale de l'acte en général, par où se profile une sorte de généalogie de la généalogie. La « période morale » de l'histoire de l'humanité assigne à l'intention la place d'une origine et fonde ainsi le « préjugé » majeur de toute morale plus ou moins déterminée comme « morale des intentions ». Aussi la période « extra-morale » qui est en train de s'ouvrir passe par la nécessaire destruction de ce préjugé [1]. Au paragraphe 14 de l'*Antéchrist*, on peut lire que la théorie cartésienne des animaux-machines est profondément juste – mais à condition de l'étendre aussi aux hommes et à leur existence machinale. Alors l'intention ou la volonté apparaîtront pour ce qu'elles sont, une « résultante », une « réaction » qui ferait « suite à une multitude de sollicitations ».

Un « pessimisme dyonisiaque » [2] gouverne l'analyse niezschéenne des processus civilisationnels, proche de celle de Freud, voire d'un certain Benjamin. Ces mouvements ne sont nullement de l'ordre d'une liberté qui se déploierait à travers ses objectivations historiques, même aliénées, mais ils obéissent à une inculcation complexe et de longue durée. La probité, vertu généalogique, nous rend ainsi attentif à ces processus d'acculturation et de production de civilisation, en particulier à travers ce que Nietzsche appelle « intériorisation ». Cette *intériorisation* n'est nullement de l'ordre d'une intention, d'une initiative, d'un engagement libre [3]. Elle absorbe et mobilise aussi bien la contrainte que la bêtise dont

1. *PDBM* II, § 32.

2. *Dernières lettres*, *op. cit.*, p. 131 : cette « nouvelle espèce de pessimisme » est « née de la force » et « se fait le plaisir de saisir par les cornes le problème de l'existence ».

3. *GM* II, § 16.

Nietzsche n'hésite pas à faire l'éloge sous cet aspect collectif ou « grégaire » de « l'histoire de la société » [1]. L'intériorisation révèle avant tout que *la peur* de l'autre, « du prochain », est à la *source de toute morale* d'intention – ce que Kant tient continûment en vue en proposant justement de réguler cette crainte par le déplacement du respect vers la loi. L'intention elle-même qui paraît présider souverainement à la morale, n'est rien d'autre que le masque dont s'affuble la crainte, seule « mère de la morale ». Elle n'est rien d'autre qu'une pseudo-intention, c'est-à-dire qu'elle est elle-même le résultat civilisationnel de l'inculcation, d'une obéissance inconditionnelle, peu importe à quoi et à qui, au fond [2].

Ces analyses nietzschéennes en termes de *Kulturkritik* ne sont pas parfaitement congruentes avec un autre ordre analytique, celui de la détermination d'un sentiment antimoral de la morale, dès lors que celle-ci est déterminée par la matrice de la volonté de puissance. Mais ces *déhiscences*, au sens médical d'une rupture inattendue d'un tissu, d'une blessure, ne doivent plus nous étonner. Elles peuvent même constituer l'indice d'une méthode : c'est en large part le point de vue de la passion morale dont il importe de partir pour mieux lire ou relire le Nietzsche *Kulturkritiker*, et non l'inverse, comme c'est souvent le cas.

1. *PDBM* V, § 201.
2. *Ibid.*

SITUATION DE NIETZSCHE (2)
LE SENTIMENT DE (LA) PUISSANCE

Ce point de vue s'indique comme *Machtgefühl*, sentiment de puissance ou de la puissance, lequel est inséparable de la puissance elle-même, « le plus élevé » des sentiments en ce sens, le « sentiment suprême ».

> Ma doctrine enseigne : Vis de telle sorte que tu doives *souhaiter* revivre, voilà la tâche – car de toutes façons tu revivras ! Celui à qui l'effort procure le sentiment suprême, qu'il s'efforce ! Celui à qui le repos donne le sentiment suprême, qu'il se repose ! Celui à qui se soumettre, obéir et suivre procure le sentiment suprême, qu'il obéisse ! Mais *qu'il soit bien conscient* de ce qui lui procure le sentiment suprême où va sa préférence et qu'il ne recule devant *aucun moyen !* Il y va de l'*éternité !* [1].

La difficulté de ce fragment tient à ce qu'il articule une nécessité (« tu revivras de toutes façons ») à une injonction (« vis de telle sorte… »), et conjoint une mise à l'épreuve de la volonté dans et par une « métaphysique », « l'éternel retour du même », à un impératif moral jusque dans sa forme. Je laisse de côté la « nécessité » du revivre à l'infini. Elle se donne comme une fatalité, un destin, un envoi : de toutes façons, tu es soumis à un *fatum*, alors ta force, c'est de vouloir ce destin. Pareil acquiescement constitue sans doute cette voie de l'éthique de soi nietzschéenne que j'ai déjà signalée – éthique de l'*amor fati*.

Si l'on s'arrête plus longuement sur l'injonction : vis de telle sorte…, comment l'entendre ? Elle veut dire tout d'abord et très simplement qu'il faut vivre. Or cet impératif « il faut vivre » ne s'accomplit pleinement qu'en quêtant sans relâche *das höchste Gefühl*, le sentiment le plus haut. Mais le sentiment de quoi ? La

1. *FP*, 11[163], printemps-automne 1881.

« métaphysique » nietzschéenne de la volonté de puissance est bien plutôt *une physique des sentiments*, des affects, des pulsions, des passions – j'ai continûment insisté sur ce point dans l'interprétation de la généalogie nietzschéenne des valeurs morales. Non pas du tout au sens du sentiment « sentimental », si je peux dire. Chacun sait qu'il y a une férocité antiromantique nietzschéenne qui interdit radicalement cette interprétation. Nietzsche ne met jamais de complément lorsqu'il utilise à trois reprises dans ce fragment *das höchste Gefühl*. Il lui semble totalement superflu de préciser : le sentiment de ceci ou de cela. Le complément n'a précisément aucune importance. Seul importe ce sentiment le plus haut. C'est la vie qui le procure dès lors qu'elle s'affirme ou acquiesce à elle-même – et ceci par le sentiment qui est le mode et le véhicule de cette auto-affirmation. La volonté de puissance n'est rien d'autre qu'une polymorphie d'affects qui accompagnent, d'une manière ou d'une autre, et pas toujours de la même façon, toute effusion, tout accroissement de force voulue. Le « sentiment le plus haut » n'a pas besoin de génitif car il n'est rien d'autre que la volonté de puissance en sa dynamique vivante. Vivre tendu vers ce sentiment suprême conduit « nécessairement » à vouloir revivre dans cette tension qui permettra l'accès à la vie voulue et revoulue, c'est-à-dire aux valeurs auxquelles sont soumis le corps qui évalue dans la probité la plus probe et la volonté de puissance qui se déploie dans son élan le plus vivant.

Toute vie est l'expression d'une volonté de puissance, négative (destruction, furie, ressentiment, dénigrement) ou bien affirmative (constructivité, positions de vie, création de valeurs morales à venir). Dans ou par l'affirmation s'affirme toujours la valeur de la vie, le oui adressé à l'être de la vie. Toute notre culture en revanche, chrétienne au sens où le christianisme en constitue la synthèse ou la symbiose judéo-grecque, est foncièrement négative. Elle n'est rien d'autre qu'un nihilisme conséquent. En d'autres termes, elle est morale, forcément morale. Elle pose des dualismes, elle oppose le pour et le contre, elle invente un dieu, elle construit un autre monde, inexistant, pour mieux détruire ce monde-ci, le seul existant. Par la transcendance, par l'intelligible, elle s'efforce avec ténacité et inflexibilité de nier tout ce qui fait notre vie, ici, maintenant. « Le nihiliste, comme écrit Camus, n'est pas celui qui ne croit à rien, mais celui qui ne croit pas à ce qui est » [1]. La transvaluation a pour tâche précise de retrouver le oui enfoui par l'intériorisation morale sous la multitude des non qui l'ont enseveli; sous les pavés de la culture, la plage de la vie.

Il ne faut donc « reculer » devant rien, et moins encore devant le Rien, nous dit Nietzsche. La transvaluation de toutes les valeurs négatives-réactives s'engage en vertu et aux fins du « sentiment le plus haut », pour une volonté de puissance capable, dans son déploiement affirmatif, de défaire le nihilisme en entrant avec lui dans une sorte de mimétisme risqué et prometteur. Le seul complément accolable au « sentiment suprême » serait la vie : sentiment *de la vie*. Mais l'expression serait redondante et le génitif inutile. Ce qui est essentiel à la vie et donne son sens à la volonté de puissance, c'est l'auto-élévation vers le sentiment suprême et l'autosurmontement de la vie dans la vie : « la vie elle-même pour monter plus haut se construit des arches et des degrés… la vie veut s'élever et en s'élevant se surmonter » [2]. Le dépassement de soi (*Selbst-Überwindung*) de la puissance par la volonté et de la volonté par la puissance, telle est la détermination la plus consistante de la vie vivante. « Tous les faits vitaux ont ce même levier : *rien ne veut se conserver…* La vie tend au sentiment d'un maximum de puissance » [3]. Toute vie vivante fait effort pour accumuler de la force, pour obtenir plus de puissance – jamais pour préserver, retenir, conserver. Non seulement ces gestes de pure thésaurisation de soi qui forment le *conatus essendi* ne favorisent pas la vie, mais ils la mettent en péril. Le nihilisme du dernier homme en est la signature. Il y a donc à coup sûr une *éthique de la volonté de puissance* qui se tient dans le don grâcieux, l'expansion, l'autosurmontement sans

1. A. Camus, *L'homme révolté*, Paris, Gallimard, 1951, p. 77.
2. F. Nietzsche, *Ainsi parlait Zarathoustra*, « Des tarentules ».
3. *FP*, 14[152], printemps 1888. (souligné par moi).

parcimonie, le « gaspillage » et dont la maxime serait : « rien ne veut se conserver ».

Être vivant, c'est donc se porter à la hauteur de ce qui procure ce sentiment le plus haut, toujours au-delà de soi et de sa persévérance dans l'être. C'est par là, soit par la voie du sentiment, que la vie s'affirme. Pourquoi ? Parce que ce que Nietzsche appelle ainsi, sentiment, affect, pulsion, est toujours et sans exception plus *originaire* que les travestissements moraux ou philosophiques qui les enveloppent et les camouflent. Je voudrais renvoyer ici au commentaire nietzschéen de la fameuse formule spinozienne du *Traité politique*, parfois rabâchée à satiété, selon laquelle il conviendrait de « ne pas rire, de ne pas pleurer ni détester mais de comprendre ». Nietzsche explique avec beaucoup de profondeur que l'*intelligere*, le comprendre, n'est que la forme dans laquelle la raillerie, la détestation ou les larmes nous deviennent immédiatement sensibles, accessibles dans un sentiment [1].

On ne pense que dans un écart entre soi et soi dont le sentiment est l'indice le plus patent. La vérité de Spinoza est ailleurs que dans le ton pontifiant de la maxime du *Traité politique.* On la décèlera plutôt dans l'écart entre la belle formule et la passion politique qui saisit le philosophe lorsqu'il eut connaissance de l'assassinat fomenté par le parti orangiste contre les représentants du parti républicain, Jan et Cornélis de Witt. Scandalisé, écœuré, indigné (passions tristes !), il décida d'aller placarder sur les murs de La Haye la fameuse affiche *Ultimi Barbarorum*. Contrairement à ce qu'on pourrait croire, souvent paresseusement, Nietzsche, sur ce point du sentiment comme voie du connaître, est plus proche de Rousseau que de Spinoza. « Exister pour nous, c'est sentir », peut-on lire dans l'*Émile*. « Notre sensibilité est incontestablement antérieure à notre intelligence » – et Rousseau ajoute en note : « à certains égards, les idées sont des sentiments et les sentiments sont des idées. Les deux noms conviennent à toute perception qui nous

1. *GS*, § 333, « Que signifie connaître ? ». Nietzsche conclut que l'*intelligere* n'est rien qu'« un certain rapport des pulsions entre elles ».

occupe et de son objet, et de nous-mêmes qui en sommes affectés : il n'y a que l'ordre de cette affection qui détermine le nom qui lui convient »[1]. Dans la distance prise avec les Lumières à la française, Rousseau échappe à sa réduction au statut de « tarentule morale » où un certain Nietzsche le confine sans vergogne. L'un et l'autre s'accordent au moins sur ce point que sentir, c'est penser ; et qu'il est donc de la plus haute importance de déterminer ce qu'il en est d'une « *pensée affective* » distincte de toute « pensée logique » dont Musil note que la première est à la seconde ce qu'une forêt emplie de murmures est à une scierie où on débite le bois[2].

De ces segments de pensée nietzschéens, la vraie question émerge, rien moins que : qu'en est-il du *rapport entre la vie et la morale* ? Si la vie n'est pas simplement une valeur, un principe, si elle vaut comme vie sans pouvoir elle-même être évaluée par les hommes vivants, comme Nietzsche en fait le constat renouvelé et insistant, si elle est au contraire portée par les modes et les multiples façons dont elle se manifeste et se laisse éprouver en chacun de nous – et il n'est nul besoin d'être « nietzschéen » pour en convenir[3], alors l'idéalisme moral doit être profondément mis en question pour pouvoir être détruit. L'idéalisme moral, c'est-à-dire Kant bien sûr. Mais on pourrait dire de Kant ce que je viens de dire de Nietzsche. Il n'est pas besoin d'être « kantien » pour en partager les attendus « intériorisés », il suffit d'avoir du « sang de théologien » dans les veines comme dit la *Généalogie de la morale* – et qui en est exempt ? Pourquoi Kant est-il ici l'adversaire le plus radical, le plus tenace, et le plus coriace ?

1. *Émile*, p. 353 – voir aussi, p. 309, p. 328, p. 338, etc.

2. R. Musil, *L'homme sans qualités*, t. II, trad. fr. P. Jaccottet, Paris, Seuil, 1956, p. 218. Il faut noter que Rousseau compte parmi les huit penseurs du passé que leur « vivace pérennité » voue à un dialogue posthume infini dans le panthéon de Nietzsche (« Opinions et sentences mêlées », *HTH* II, § 408).

3. Rousseau, encore : « vivre, ce n'est pas respirer, c'est agir ; c'est faire usage de nos organes, de nos sens, de nos facultés, de toutes les parties de nous-mêmes qui nous donnent le sentiment de notre existence. L'homme qui a le plus vécu n'est pas celui qui a compté le plus d'années, mais celui qui a le plus senti la vie » (*Émile*, p. 13).

D'abord parce que dans cette pensée le *pathos*, tout ce que Nietzsche détermine comme *Trieb, Leidenschaft, Gefühl* (pulsion, passion, sentiment, affect), est entièrement réduit au « pathologique », soit à un élément foncièrement parasitaire qu'il faudrait impérativement surmonter afin de faire valoir, au nom de la morale, une « raison spéciale », la raison pure pratique [1]. Signe de l'improbité morale kantienne, déjà relevé par Schopenhauer, cette invention d'une raison spéciale, idoine ou ad hoc, permet de constituer une structure générale fondée sur la contemption du corps. Celle-ci ne se contente pas de fustiger ses prérogatives ou ses intérêts, sexuels notamment. Il s'agit d'un dispositif structuré articulé *par le refus de l'affectivité, c'est-à-dire aux yeux de Nietzsche, de la vie même.* Contre la formidable opération kantienne de la « raison spéciale », il est grand temps de déceler au fondement de la morale une instance pleine, positive, insurmontable, originaire, le « sentiment d'exister » de Rousseau ou le sentiment de la puissance de Nietzsche – par où une « autre morale » pourrait le cas échéant au moins s'esquisser ou se laisser apercevoir. À la condition expresse que ce « sentiment » soit saisi et éprouvé comme une croissance vivante. La vie, c'est le « pathologique » selon Kant. Elle ne stabilise pas, elle est (en) mouvement, dirigée vers l'avant, vers le plus. Elle est avancée, poussée, pulsion. *La vie est volonté de puissance.*

D'autre part, selon Kant, le transcendantal, c'est-à-dire les conditions de possibilité a priori de l'expérience, est déterminé par l'objectivation de l'être, par la proposition d'un écart entre l'être, cet être ainsi objectivé et constitué transcendantalement, et le sujet de l'expérience – entre ce qui est, l'étant, la réalité, dont la morale ne s'occupe pas et n'a pas à s'occuper – et le *Sollen*, ce qui doit être, c'est-à-dire la valeur. On touche ici du doigt l'extraordinaire différence entre les *valeurs morales* et la *valeur de la vie*. Dans une perspective nietzschéenne, la valeur d'une valeur ne se comprend que si on la rapporte à la vie dans son immanence et son humanité.

1. *FP*, 15[28], printemps 1888 : « Kant a tenté de "scientifiser" cette corruption de la pensée au moyen du concept de "raison pratique"… ».

Cette dernière se typologise : dernière-humanité, humanité supérieure, humanité de l'humain trop humain, surhumanité – autant de coefficients d'évaluation qui servent à poser l'immanence en tant qu'immanence, c'est-à-dire en tant que vie, vie qui est, vie existante, expériencée.

Or à l'inverse, dans l'idéalisme moral, la valeur au nom de quoi le devoir doit être accompli signifie ce qui n'est pas mais doit être. La moralité des actes de la volonté est reliée à l'universalité d'une forme législative et cette universalité, on peut dire en un sens précis qu'elle est et doit être *inexistante*. Inexistante par rapport au mode particulier sur lequel les hommes s'éprouvent et se sentent vivants – ce que Kant, dans la perversité profonde qui le caractérise selon Nietzsche, pourrait accorder. Inexistante de surcroît au sens le plus fort, au sens d'une inexistence factuelle. Dans sa *Conférence sur l'éthique*, Wittgenstein fait de cette *inexistence* la condition d'existence de l'éthique, radicalement hétérogène à l'ordre des faits [1]. Les faits font l'objet de jugements de valeurs relatifs, explique-t-il, soit de propositions et d'énoncés vrais qui s'égalent les uns aux autres selon l'ordre d'une naturalité, dans la limite de nos capacités à dire la vérité d'un énoncé. L'éthique en revanche ne tiendrait que dans des propositions ou des jugements de valeurs absolus. « Toute éthique est surnaturelle ». Telle est le sens de l'hypothèse du grand livre du monde qui, s'il pouvait contenir une description complète des états, des situations, des extériorités et des intériorités mondaines, ne porterait pas trace d'éthique [2]. On se souvient que Nietzsche fait au contraire du « sens des faits » (*Tatsachen-Sinn*) ce à l'aune et à l'aide de quoi peut seule être évaluée la valeur de la morale depuis le chaos de l'humain qui a nom immanence. La vie transit cette immanence, la dynamise, l'oriente, lui donne sens

1. L. Wittgenstein, *Leçons et conversations*, Paris, Folio-Gallimard, 1992, p. 146. Je renvoie ici au beau livre de P. Audi, *Supériorité de l'éthique*, Paris, P.U.F., 1998, notamment p. 199 *sq*.

2. *Ibid.*, p. 147 *sq*. La subtile distinction qu'on peut lire chez Musil entre « vie-pour » et « vie-dans » (*L'homme sans qualités*, *op. cit.*, t. II, p. 740 *sq*.), dont tout l'enjeu est précisément la question morale, semble aller dans un sens voisin.

finalement, à condition d'entendre ce sens, le seul sens possible, comme rigoureusement extra- ou métalogique.

Ainsi, la moralité kantienne peut être dite inexistante au sens du vivant de la vie vécue et éprouvée. Elle n'existe en effet que par l'élaboration rationnelle de motifs, les maximes de la volonté, dont la forme doit être jugée en fonction de la capacité de cette volonté à se prêter à une législation universelle, celle-ci revenant circulairement à une forme, la forme de la loi morale. Tel est le sens profond d'une très intéressante distinction à propos des valeurs morales qu'on trouve dans la *Grundlegung* entre ce qu'on *voit*, les actions (et qui ne sont pas l'essentiel), et les principes de ces actions qu'on *ne voit pas* (et qui sont l'essentiel) [1].

Le formalisme consiste à *bien faire* plutôt qu'à *faire le bien*, c'est-à-dire à faire en con-*formité*, peu importe avec quoi au fond. Ce qui sort de Nietzsche, c'est peut-être une éthique de soi qui consiste à se faire du bien ou à *faire son bien*, par la tension vers le sentiment le plus élevé, vers la puissance. Il s'en dégage une véritable « morale » du « *bonheur* » telle que la cerne le paragraphe 2 de l'*Antéchrist* qui complète parfaitement le fragment de 1881 dont nous étions partis : « Qu'est-ce qui est bon ? Tout ce qui exalte en l'homme le sentiment de puissance, la volonté de puissance, la puissance même. Qu'est-ce qui est mauvais ? Tout ce qui vient de la faiblesse. Qu'est-ce que le bonheur ? Le sentiment que la puissance croît, qu'une résistance est en voie d'être surmontée », la résistance à la « résistance de l'inclination ».

Cette « morale », si l'on peut dire ainsi, et si elle est bien morale du bonheur, fait pièce à toute morale du devoir. Sa condition d'existence, c'est le « sentiment » – de la « puissance » et que la « puissance croît ». Le mérite de la généalogie et de la pensée des valeurs, c'est certainement d'avoir fait place, s'agissant de la morale et de sa transvaluation, à l'affect, au sentiment, à la vie comme socle unifiant et comme impulsion de tout désir moral – paradoxe auquel il est désormais requis de se rendre, depuis Nietzsche, loin de lui peut-être, mais grâce à lui.

1. *FMM*, p. 104 ; AK IV, 407.

BONHEUR, MORALE, EXPÉRIENCE

Le *dilemme* Kant / Nietzsche présente l'intérêt de poser avec précision la question de savoir si la morale peut ou non, doit ou non, s'accompagner d'un sentiment d'exister, d'un affect de la vie vivante. Faut-il tenir ensemble, au prix de difficultés sans doute non négligeables, la morale et la vie ? Est-il seulement possible de faire autrement ? Comment une éthique impérative s'accordera-t-elle avec la recherche du bonheur et même du plaisir ? Selon Kant, toute exaltation de la force vitale et de la puissance d'exister est exclue par nécessité de la morale, ce qui constitue selon un certain angle une critique anticipée de Nietzsche ou d'un certain nietzschéisme. La recherche du bonheur relèverait également de ce même sentiment vital que la morale bannit. Le plaisir intellectuel lui-même serait de semblable nature et tout aussi proscrit puisqu'il procurerait une satisfaction de bien-être, un agrément du corps associé à une possession d'objet. L'ensemble de ces registres et d'autres encore relèveraient donc d'une « physique ». Ils seraient à ce titre nécessairement exclus de la sphère morale. Car la vie comme valeur de la valeur est foncièrement attachée à la singularité et ne peut donc faire l'objet d'aucun devoir. La raison seule échappe au désir d'objet, elle est dans le désir d'elle-même, et de ce qu'elle aura elle-même constitué. Le bonheur, ses affres et ses élans, ne relèvent en aucune façon de la morale si l'on tient qu'est seul moral un acte libre pouvant être universalisé. La forme rationnelle de cet acte seule importe, indépendamment de toute expérience. C'est bien la place et le statut de celle-ci, l'expérience, dans et pour la morale qui forme la racine de la différence Kant / Nietzsche, d'autres pensées pouvant évidemment s'agglutiner à cette polarité quasi-matricielle.

C'est l'expérience qui règle ou dérègle la question de la morale. On pourra évidemment considérer que l'aspiration au bonheur est l'affaire privée de chacun d'entre nous et qu'elle n'importe ni à la morale ni à la politique sans être pour autant répréhensible.

Hermann Cohen était effaré à l'idée que le motif de l'action des sionistes allemands puisse ne tenir qu'à leur désir d'être heureux, y soupçonnant même un soupçon d'immoralité. La quête individuelle du bonheur mobilise en effet l'amour de soi et ses stimuli. Or la concurrence inexorable des *ego* risque continûment de reproduire une sorte d'état de nature, où s'affronteront « forts » et « faibles » et où chacun tendra à transformer l'autre en instrument de sa satisfaction. Il conviendrait donc de faire la part de ce qui revient à chaque sphère. Kant est bien le philosophe qui sépare, distingue, délimite. Tout geste qui vient brouiller ce travail de dé-finition nourrit une périlleuse *ubris*.

Nous sommes parvenus à un double et délicat paradoxe, entre chiasme et dilemme. Le premier concerne Nietzsche et l'autre Kant. Celui-là n'est pas entièrement nouveau. Après Nietzsche, la morale est fondamentalement destituée, puisqu'est généalogiquement mise à nu sa racine dans le soulèvement des esclaves et l'inversion des valeurs qui s'y est jouée inauguralement. Mais en même temps, via la création des valeurs, tout ce qu'elle questionne et détruit se rejoue et se renoue tout autrement autour d'une réinvention supramorale ou post-morale de la morale. Tout se passe comme s'il était désormais requis de distinguer deux niveaux, deux usages, deux étagements d'un même mot, « morale », tout comme la probité obligeait à sédimenter et distinguer deux strates de la « vérité ».

L'ambivalence profonde de la critique nietzschéenne du nihilisme est l'indice le plus explicite de cette autre signification « à venir », politico-culturelle et non pas logique ou étroitement philosophique, de la « morale ». Le nihilisme est lui aussi un sentiment, « le sentiment de l'absence de valeur »[1], le sentiment perpétuellement déceptif qu'il n'y a plus d'avenir, plus de rédemption, plus de salut. C'est pourtant de ce « sentiment » nihiliste que surgit la promesse d'un « autre » avenir dès lors que sa critique en aura articulé la mémoire généalogique et les processus d'intériorisation et de dressage historiques qui y ont conduit. Mais ce partage prospectif ne suffit

1. *FP*, 11[99], automne 1887-mars 1888.

pas à trancher la question de l'aujourd'hui, même s'il est vrai qu'il ne la laisse pas intacte. Ainsi, lisant le § 2 de l'*Antéchrist* mentionné plus haut, j'acquiesce aux deux premiers tiers du texte : le bonheur, c'est vivre dans « l'amplification à mille joies » (Mallarmé) de la vie. Je me heurte cependant au dernier tiers du paragraphe et en suis violemment rebuté (« périssent les faibles et les ratés ! »). Sur quoi reposent cette expérience, le choc et le refus, sinon sur des valeurs morales évidemment liées au critère kantien de l'universalisation (égoïste ?) de la maxime ? Le questionnement de type moral n'est donc ni asséché ni tari par le résultat de l'enquête généalogique. Il y a là un reste persistant que l'argument-marteau de la « moraline » ne suffit pas à écarter. Demeure une double interrogation dont on verra qu'elle n'est qu'une : à propos de la persistance du moral, de l'élément moral (*das Moralische*), même transvalué, et à propos du rapport entre morale et expérience (morale et passion, morale et sentiment de puissance, morale et affects). Est-il seulement possible de concevoir une morale hors toute expérience, si tel est le défi kantien ? Peut-on penser une règle qui se précéderait elle-même dans l'invention que l'événement « moral » suscite : « *autre est la situation qui enfante la règle, autre celle que la règle enfante* »[1] ? Cette question considérable propose ou repropose une distinction dont les échos lévinassien et derridien sont assourdissants. Elle s'enlève en entier sur le fond de la redistribution kantienne des termes du problème.

C'est là que se tient le second paradoxe. Il concerne Kant et il est ordinairement moins bien discerné que le premier. Du vivant de Kant déjà, et jusqu'à nous, se répète l'opinion récurrente selon laquelle la morale kantienne ne pourra jamais déboucher sur la moindre action réelle, on l'a vu, on l'a dit. Tout le monde connaît le mot de Péguy : « le kantisme a les mains pures, mais il n'a pas de mains »[2]. On a vu que Hegel considérait lui aussi que la morale kantienne était hors d'état de sortir de l'intention pure, avec le

1. *Opinions et sentences mêlées*, *HTH* II, § 392 (souligné par moi).

2. C. Péguy, *Œuvres en prose complètes*, III, « Bibliothèque de la Pléiade », Paris, Gallimard, 1992, p. 331.

risque que cette impuissance de la liberté « vide » ne finisse par nier le réel qui lui résiste. Cette impuissance est également soulignée par Schopenhauer, mâtinée du soupçon d'improbité qui sera massif chez Nietzsche. Il n'est pas inintéressant de se rapporter à un contemporain, Christian Garve, philosophe des Lumières connu en son temps, et qui publia en 1782 un « Examen critique de la raison pure de Kant »[1]. Il s'y avance sur le terrain du rapport entre morale et bonheur, justement. Il explique en particulier qu'on peut bien distinguer en théorie devoir et bonheur, comme fait Kant. En pratique, selon Garve, les hommes n'agissent jamais selon cette pseudo-différence. La fin ultime de leurs actions consiste bien plutôt à viser leur bonheur personnel. Il se trouve que Kant lui a répondu en 1783. Il le fait en gros par la volonté bonne : la morale n'est pas faite *pour* accéder au bonheur, comme le ressentait intimement Cohen. Si la recherche du bonheur est inapte à fonder la moralité, elle n'est pas immorale pour autant. Mais elle a un défaut congénital : elle est hétéronome puisqu'elle soumet le devoir à une finalité, le bonheur, et prive ainsi la volonté de son autonomie.

La morale n'est pas *faite pour*[2]. Elle ne relève pas de la vie-pour ou encore de la vie qui « poursuit les arbres »[3], qui se soumet au sens des faits. Elle ne relève pas davantage d'ailleurs de la vie-dans, de la vie « qui poursuit la forêt ». Elle est *déterminée par*. Essentiellement par la volonté bonne, je l'ai dit, indépendamment de toute fin particulière. Seule la volonté bonne emportera l'universalité de l'acte. Où se tient dès lors le paradoxe ? On raisonne comme si Kant avait tenté de fonder une morale qui puisse nous *servir à*, une morale *faite pour* la vie quotidienne, une casuistique des actions

1. C. Garve, « Rezension von Kant's Kritik der reinen Vernunft », *Göttingische Gelehrte Anzeigen* 1, 1782.

2. L. Wittgenstein, *Leçons et conversations*, *op. cit.*, p. 144 : « une *bonne* chaise… cela signifie que cette chaise sert à une certaine fin prédéterminée », signification « relative » dénuée de toute implication « absolue », c'est-à-dire « éthique ».

3. R. Musil, *L'homme sans qualités*, *op. cit.*, t. I, p. 19 : « l'un poursuit la forêt… l'autre les arbres ; et la forêt est une entité malaisément exprimable, alors que les arbres représentent tant et tant de mètres cubes de telle ou telle qualité ».

bonnes, et on conclut que « ça ne marche pas » (Garve, Hegel, Schopenhauer, Péguy).

Or le geste kantien va tout à l'inverse. Il faut bien prendre la mesure de son extrême singularité. Il consiste à dépouiller sans relâche les actions que nous croyons morales de tout caractère moral. Parce qu'ils relèvent de la pitié, s'apparentent à la bienfaisance, se présentent comme « bienveillance sympathique »[1] ou aide à toute détresse, parce qu'ils légitiment notre quête du bonheur, nous tenons les actes qui conduisent ou produisent pareils effets pour authentiquement moraux. Kant fait alors son office de douche glacée – institution de refroidissement des (bons) sentiments. On pourrait aller jusqu'à dire, sans exagérer, qu'il est le premier « maître du soupçon ». C'est ce que semble parfois avancer Nietzsche lui-même lorsqu'il le qualifie de *feiner Kopf*[2], tête subtile.

Que fait Kant en effet sinon dégriser toute certitude morale de soi, disqualifier toute croyance naïve des sujets à leur propre moralité, destituer toute auto-affirmation morale de « nous autres », « les bons, les justes », selon la formule récurrente de Nietzsche ! À celui-ci il arrive d'ailleurs, à l'inverse, de retrouver la structure kantienne de l'argument du mauvais « mobile » – par exemple lorsqu'il s'en prend au sacrifice comme critère de l'action morale alors qu'il peut aussi bien servir le bien que le mal[3]. On notera que cet exemple est continûment élargi chez Nietzsche et que la structure récurrente de sa critique des valeurs consiste en un *retournement par en-dessous*. Si quelqu'un est sincère et s'en targue, alors sa sincérité ne vaut que narcissiquement, c'est-à-dire qu'elle est mensongère. Même chose pour l'amour, la jalousie, le bien faire, la pitié feinte, les « meurtres judiciaires »[4]. Voilà pourquoi s'il peut ou doit y avoir une « autre morale », elle ne sera jamais celle des « *moralischen Leute* », des bonnes consciences satisfaites. Elle est bien plutôt la projection en avant de soi de ce que ce mot de morale porte de significations

1. *CRPrat.*, p. 86 ; AK V, 82.
2. *FP*, 34[37], avril-juin 1885.
3. *HTH* II, § 56.
4. *Ibid.*, § 52, 59, 94, 33, etc.

chez les « moralistes » français, soit une sémiologie des passions. La question, l'unique question consistante est : à quelles conditions puis-je dire d'une action qu'elle est morale ? La réponse kantienne est si drastique dans la multiplicité des conditions négatives qu'elle établit qu'on se demande à la fin, avec Kant lui-même, ce qui reste de la morale, une fois effeuillée sa marguerite, c'est-à-dire une fois dressé le tableau des principes pratiques matériels qui déterminent la morale jusqu'à Kant, soit des « faux principes moraux » [1]. Chaque pétale, le bonheur, l'inclination, la sensibilité, l'expérience, la pitié, etc., est successivement jeté aux orties. Il y a dans le philosopher kantien une surenchère ou une emphase de type lévinassien. En effet, les critères de la moralité retenus par la raison pure pratique sont tels qu'il n'y a probablement encore jamais eu le moindre acte moral. Peut-être même n'y en aura-t-il jamais. Faire du formalisme kantien une faiblesse alors qu'il est le signe le plus assuré de la moralité, reprocher à Kant d'inventer une morale soucieuse de la forme et indifférente à la matière, soit une morale hors du monde réel, hostile au bonheur, antinaturelle (Nietzsche), une morale qui mutile l'homme concret (Marx), une morale équivalente à une « négation de la vie », c'est manquer sa cible. Car en effet pour Kant le fondement transcendant de la morale fait de cette négation de la vie, de la nature, de la « physique », une condition requise. La condition de possibilité de la morale réside dans son « inexistence » relativement à des « énoncés de faits », laquelle en garantit l'« existence » « absolue », hétérogène aux rapports factuels et à leur relativité [2].

Ce point nous permet de relever une profonde ambivalence de Nietzsche sur le statut des « faits », laquelle régit sans doute en partie son rapport à Kant. J'ai noté plus haut son éloge du « sens des faits » (*Tatsachen-Sinn*). Il témoigne d'une certaine affinité avec une variété de positivisme, à la Max Weber si l'on veut, qui insiste sur la déliaison des fins ou des valeurs d'avec la raison théorique.

1. *CRPrat.*, p. 40 ; AK V, 40.
2. L. Wittgenstein, *Leçons et conversations*, *op. cit.*, p. 144 *sq.*

Les résultats scientifiquement objectivés par une rationalité qui les établit comme faits valent pour tous. Les jugements qui consistent à poser que ceci est bon, mauvais, juste, injuste, etc. échappent en revanche à toute forme de rationalité objective – d'où l'invention par Kant d'une raison particulière, spéciale, cette raison « pratique » raillée par Schopenhauer. Mais si les « faits » permettent de mener campagne contre la morale kantienne, le culte que leur vouent les positivistes, ceux que Nietzsche appelle les « libres penseurs » auxquels il oppose l'esprit libre, est en même temps férocement dénoncé comme « faitalisme »[1]. Le « faitalisme » empêche l'enquête sur l'origine et la qualité des forces humaines productrices de valeurs. Il désigne l'impuissance à interpréter les qualités propres de la force. « Le fait est toujours stupide, ayant de tout temps ressemblé à un veau plutôt qu'à un dieu », il est au service des réactifs, des faibles contre les forts, et ceux-ci, instruits de « la puissance aveugle des faits »[2], savent bien qu'« il n'y a pas de faits, rien que des interprétations »[3]. On voit bien comment Nietzsche utilise les concepts en fonction des conjonctures de pensée. Il peut bien successivement vanter sous certains aspects le « sens des faits » et dénoncer par ailleurs le « faitalisme ». On pourrait dire de Nietzsche ce qu'Éluard dit de Baudelaire, « il n'hésite pas à se contredire car il sait qu'il établit la vérité »[4].

Je reviens à Kant et à ce que j'ai nommé son paradoxe. Pour lui, pour Wittgenstein, la morale, c'est donc une *inexistence qui existe*, un ordre absolu qui n'a jamais à passer par l'ordre toujours relatif des « faits ». Que la morale kantienne puisse relever d'une « autocastration », comme dit Nietzsche[5], n'est sans doute pas contestable. Le mot se trouve à peu près tel quel dans la seconde *Critique*, lorsque Kant évoque un S*elbstzwang*, une « coercition sur soi-même » qui permettrait de remporter « une victoire » sur tel

1. *GM* III, § 24.
2. F. Nietzsche, *Seconde considération inactuelle*, § 8, p. 148-149.
3. F. Nietzsche, *La volonté de puissance I*, livre II, fragment 133, p. 265.
4. P. Éluard, *Donner à voir*, Paris, Gallimard, 1939, p. 115.
5. *FP*, 19[319], été 1872 – début 1873.

ou tel « désir », ce qui « coûtera toujours un sacrifice au sujet »[1]. Autrement, hors de cette autocontrainte, ledit sujet sombrerait tout entier dans un gouffre pathologique, c'est-à-dire dans un « orgueil chimérique », une improbable prétention, une fierté insensée (*stolze Einbildung*), qui croirait pouvoir substituer l'amour au commandement. Le « délire » moral guette, le « fanatisme » menace, cette *Schwärmerei* qui consiste à outrepasser les limites de la raison pure théorique aussi bien que de la raison pure pratique. Comment comprendre la confrontation de la morale autocontrainte et factuellement inexistante avec les domaines qui lui sont contigus, le désir, les expériences factuelles diverses, l'amour, la politique ?

1. *CRPrat.*, p. 47 ; AK V, 84 ; « tel serait le prix du fanatisme kantien de la forme », cf. *FP*, 10[11], automne 1887 : « Kant comme fanatique du concept formel "tu dois" ».

TOPOLOGIES ET EXPÉRIENCES DE LA MORALE

Je commencerai par reprendre cette question d'un point de vue formel, l'amour en amont, la politique en aval de la morale.

Pour Nietzsche, les deux sphères de la morale et de la politique relèvent au fond du même régime de réactivité nihiliste. Qu'il s'agisse de la morale du *Sollen*, du « tu dois », ou bien de la démocratie, du socialisme, de l'anarchisme, du communisme, on a toujours affaire à des succédanés sécularisés du christianisme, à des variations sans grande originalité autour du Décalogue, comme le constatait déjà Schopenhauer.

Avec Kant, au contraire, il conviendrait de prendre garde à toujours tenir la limite entre la morale d'une part et la politique d'autre part, de même qu'il est requis de ne pas confondre le pathologique de l'amour et le rationnel-pur-pratique de la morale. Ces ordres sont séparés par une ligne de démarcation stricte qui empêche tout passage « en douceur » de l'un à l'autre. Ils obéissent à des modes de rationalité hétérogènes. Kant, sur ce point, est plus proche de Machiavel que de Rousseau lorsque ce dernier écrit que « ceux qui voudront traiter séparément la politique et la morale n'entendront jamais rien à aucune des deux » [1]. S'attachant bien plutôt à la vérité effective de la chose, et non à l'imagination qui confond cité moralement parfaite et cité politiquement réelle, Machiavel s'inquiète au contraire du risque fatal de dissolution du politique dans le moral (ou dans le religieux). Dans ce sillon, il faudrait donc distinguer entre deux types de rationalités qu'on peut nommer, à partir de Kant, *catégorique* et *hypothétique*. La rationalité catégorique vaut pour la morale. Même si elle est démentie par la politique, elle ne perd pas son statut de condition absolue car, on l'a vu, elle ne relève pas de « nécessités techniques ». Le choix de la fin poursuivie est subjectivement déterminé. La rationalité hypothétique

1. *Émile* IV, p. 279.

vaut pour la politique, en tant que règle de causalité efficiente : si tu veux A, alors tu dois B, C, etc. Valeur inconditionnelle d'un côté, valeur conditionnelle de l'autre, et entre les deux une frontière difficilement franchissable, voire menaçante.

Les pensées de la séparation mettent ainsi en place des *topologies de la morale*, exposées au risque d'incidents de frontières, de collisions, de heurts – on le devine chez Kant, on le voit chez Levinas, ce qui n'est guère le cas chez Hegel ni chez Nietzsche. Ces pensées qui séparent le font souvent dans une sorte d'humilité, conscientes qu'être-séparé renvoie en vérité à notre position finie d'existence. Seul un dieu peut-être, seul Dieu, comme le dit un célèbre *midrach*, pourrait faire un usage conjoint et combiné des ordres, mêler savamment le pathologique et le rationnel, la morale et la politique, l'amour et la justice [1]. La philosophie qui dé-sépare, celle de Hegel magistralement [2], se tient dans une mimétique expressive de ce geste divin. Kant le devine assez bien. Dans la *Dialectique transcendantale*, il montre que les Idées de la raison, parce qu'elles sont des concepts sans objet connaissable donné par les sens, peuvent emporter des prétentions et des exigences exorbitantes, dès lors qu'est abandonné le terrain de l'expérience et abordée la sphère de la pensée pure. La raison se croit alors affranchie des contraintes phénoménales et empiriques, pour n'avoir pas aperçu, au fond, la différence des registres et des terrains. La pensée de Kant est à ce point une pensée des différences que la distinction entre raison théorique et raison pratique commande un statut différentiel de l'expérience elle-même.

La raison théorique est descriptive. Elle statue sur « ce qui est », elle établit des faits, elle énonce des lois. Elle mobilise deux sources de la connaissance : la sensibilité d'une part, cette capacité du sujet à être affecté par l'objet en tant qu'il est l'apparition phénoménale de quelque chose en soi ; l'entendement d'autre part, cette attention

1. Cf. *infra*, p. 147.

2. Je me permets de renvoyer à « Une pensée de la déséparation. Sens et vérité dans la *Préface* de la *Phénoménologie de l'esprit* » dans *Schelling-Studien*, Freiburg im Breisgau, Karl Alber Verlag, 2013.

spontanée à tout ce qui provient de la sensibilité, c'est-à-dire aux phénomènes, cette faculté d'unifier le divers contingent et singulier sous une représentation générale. *L'expérience* est donc le critère décisif de ce que peut être un savoir sûr s'agissant de la raison théorique qui synthétise les résultats des sources de notre connaissance.

La raison pratique, elle, est prescriptive. Elle indique ce qui doit être. On comprend qu'elle ait pu être contestée en tant que telle et qu'on ait même pu douter, de bonne ou mauvaise foi, qu'elle existât. Elle vise en effet à déterminer le réel tel qu'il doit être. Ceci engage la façon dont il nous faut agir pour que, de nos actes, se dégage la possibilité de fonder les principes des normes et des valeurs selon lesquelles nous évaluons les fins que nous poursuivons. Le critère de l'expérience tombe puisqu'il s'agit de cerner le réel tel qu'il doit être. L'expérience, impérativement *requise* pour assurer à la connaissance le statut d'un savoir fondé en raison, serait *ruineuse* si on devait l'invoquer pour statuer sur ce dont on n'a justement nulle expérience. L'idée même d'expérience morale, de ce point de vue, est non seulement infondée, mais très périlleuse, car elle risque de gager sur ce qui n'existe pas (mais « existe » comme ce qui « n'existe pas », à condition de distinguer les faits et l'éthique) la validité de règles censées régir ce qui existe dans l'ordre d'une objectivité naturelle.

Ces usages forcément différenciés – deux raisons, deux mobilisations contraires de l'expérience, deux sédimentations contrastées de ce qui existe et de ce qui n'existe pas – montrent pourquoi il faut dresser des cartographies et pourquoi sont indispensables de véritables topologies de la morale.

Je voudrais me rapporter à l'une d'elles, particulièrement remarquable. Il s'agit de la topologie lévinassienne de la proximité et de la justice. Je m'y rapporterai en gardant en tête la question cruciale : qu'est-ce qu'une expérience morale – s'il y en a une ? La topologie lévinassienne est d'une grande radicalité, ce qui emporte à la fois une clarté tranchée et sans doute aussi d'importantes difficultés. Ce que je voudrais reprendre pour commencer, c'est l'hypothèse fondamentale selon laquelle on pourrait distinguer entre *deux morales*, pour le dire dans des mots qui ne sont pas ceux de Levinas, foncièrement distinctes et relevant de régimes substantiels hétérogènes. Cette topologie duelle, Schopenhauer aussi bien que Nietzsche ont cru la repérer avec précision chez Kant. Le premier indique que ce qui vaut pour la « morale » ne vaut pas pour la « société »[1]. Quant à Nietzsche, très perspicace, il fait du principe de séparation (*Scheidung der Moral*) entre morale fonctionnelle des besoins et morale du face à face le vecteur de sa lecture de Kant[2]. Quelles sont ces deux sphères, ces deux champs, où se tiennent ces deux « morales »? La topologie lévinassienne distingue entre la sphère du deux ou du face-à-face, la proximité, d'une part, et la sphère de la multiplicité des sujets, la justice, de l'autre.

Cette topologie procède d'un trou originaire, d'un *atopos*, d'un non-lieu, le face-à-face où je suis « intrigué » par Un Autre. L'inauguration d'un « sens » ou du « sensé », selon un mot fréquent sous la plume de Levinas et qui n'est pas exempt d'équivoque, ne saurait trouver son origine dans la pensée d'un monde commun, d'un lien social ou d'une institution du politique. L'ouverture de la signification, c'est-à-dire d'une signifiance « baillée » à autrui bien avant les signes ou les gestes ou les mots qui la disent et la fixent, s'enracine plutôt dans le face-à-face avec un visage, dans cette confrontation avec un appel, avec une expression, avec une détresse signifiée sans mot dire, avec un visage. En d'autres termes, rien ne commence jamais dans un pouvoir ou dans un pouvoir de pouvoir, dans une pensée ou dans une liberté miennes, dans une

1. A. Schopenhauer, *Le fondement de la morale*, *op. cit.*, p. 92 : « Voilà exprimée la thèse que l'obligation morale repose sur une *réciprocité* supposée, qu'ainsi elle est tout égoïste… S'il s'agissait d'établir le principe de la société, ce peu pourrait suffire, mais pour le principe de la morale, non pas ». Comme la justice pour Levinas, la « société » intègre un principe de « réciprocité » que la morale exclut, sauf à s'avérer purement « égoïste ».

2. *FP*, 9[1], été 1875 : « Kant témoigne d'une première intuition de ce dont il s'agit : séparation entre la morale qui s'occupe des simples finalités fonctionnelles selon le point de vue des besoins humains et la morale qui regarde droit dans les yeux les considérations qui se jouent d'homme à homme »

décision ou une initiative, une « intention », comme Nietzsche le rappelle si souvent. Par l'appel seul, et par ma réponse ou ma non-réponse dans l'instant où nul ne peut prendre ma place, j'adviens après-coup à moi-même. S'esquissent alors, dans un temps ultérieur et synchrone, la possibilité d'un examen des spécificités opératives et des requêtes normatives de la « société », du droit et de la justice. Telle est la portée du « politique après », titre d'un article de Levinas paru en 1979 et recueilli dans *L'au-delà du verset*. Une intime subjectivation éthique du sujet serait « première », absolument et an-archiquement, c'est-à-dire avant tout commencement dans l'ipséité et toute persévérance en soi. Cette subjectivation pré-constitue la structure autorisant le problème, la réponse précédant la question, laquelle, en tant que telle, comme question, vient après, dans l'apaisement et la pesée du pour et du contre, c'est-à-dire dans la re-constitution *a posteriori* d'un temps qui serait celui de la reprise organisée, du rassemblement en présence et en unité, le temps de la politique.

Le questionnement ouvert par Levinas va ainsi se déplacer topologiquement vers la zone sensible où se « touchent » l'après de la politique et son avant éthique, « l'être-ensemble dans *un lieu* », la communauté topique où viendraient s'inscrire la personne et ses droits, et « ce qui ne saurait tenir en *aucun lieu* », l'utopie de l'humain[1]. Le face-à-face n'est pas une simple relation interpersonnelle ou un échange, ni même une relation morale entre deux sujets également investis et également actifs. Il se structure autour d'une effraction. Une transcendance, un dérangement très profond vient bouleverser mon rapport à moi, de moi au monde, de moi aux autres. C'est en ce sens que le face-à-face est « éthique ». Et *éthique* veut dire, d'une part, ce qui ne se laisse jamais reconduire à une dialectique de l'interversion, de l'interchangeabilité, de la réciprocation logique ou de la rationalité morale, de la bonne raison

1. E. Levinas, *Autrement qu'être ou au-delà de l'essence*, Den Haag, M. Nijhoff, 1974 (dorénavant *Autrement qu'être*), *in fine* et p. 200 (souligné par moi).

et de la juste mesure ; d'autre part, et pour cela même, ce qui me place en position foncièrement asymétrique vis-à-vis du visage.

Tout ce qui a relation à l'éthique ainsi entendue, la politique par exemple, la morale au sens normatif, la justice, ne peut donc s'assurer d'emblée de sa propre stabilité, de la consistance de ses propres termes. Tout ce qui a relation à l'éthique comme à son autre ne peut donc engager son auto-élucidation à partir de soi-même. Si l'asymétrie est évidemment l'autre nom de ce que Levinas cerne comme éthique, c'est parce qu'elle décrit un déséquilibre, une tension, une fragilité sans nom, lesquels quêtent une quiétude, une salutaire symétrie. Dans le face-à-face en effet, j'ai affaire à quelqu'un, en tant qu'un *visage*, mais ceci seulement dans la mesure où je ne le suis pas moi-même, visage. Je ne suis personne dans le face-à-face. Le visage est le visage de quelqu'un. Moi, dans ce face-à-face avec le visage, je ne suis personne, car mon unicité de quelqu'un est ailleurs que dans une circulation égale de personne à personne. À l'instant du visage, je suis tout entier réponse, je suis tout entier happé par cet élan de la réponse – ou bien alors écrasé en moi-même, après-coup, si je n'ai pas répondu. *Pouvons-nous tenir dans l'éthique sans au-delà de l'éthique ?* L'éthique est-elle tenable sans ce qui vient après elle en tempérer l'immense violence ? Répondre de responsabilité, avant toute saisie par le temps de la mesure considérative et comparative, c'est répondre avant même que la question ne se pose, avant toute présence d'esprit. Ce qui me met face à une urgence, à une immédiateté, à ma propre irremplaçabilité à l'instant de la réponse – et à l'impossibilté douloureuse de me dérober à cet insupportable. Mais alors qu'est-ce qui permet, le cas échéant, de supporter cet insupportable, et de quelle façon ? Et pourquoi sa préséance immémoriale est-elle an-archie d'où provient cependant toute *archè*, laquelle, si elle n'est pas première, est cependant absolument nécessaire ?

LE PRIMAT DU DEUX

La topologie des deux morales, ou encore de la contiguïté intransitive de la proximité et de la justice, du face-à-face et de l'interrelation généralisée, ou encore du deux et du deux + n, me paraît fournir le terrain le plus approprié pour une réflexion post-nietzschéenne sur la morale, sur ce qu'elle est, ce qu'elle doit être, ce qu'elle peut-être. La pensée lévinassienne de l'éthique nous en donne la matrice. Mais le diagnostic nietzschéen porté sur la coupure de la morale kantienne en suggérait déjà, fût-ce dans une sorte de déni ombrageux, la figure et l'efficace. Par ailleurs, l'établissement de deux rationalités, hypothétique et catégorique, déterminait l'exigence que soient distinguées deux morales. On peut très bien lire cette distinction à la lumière de l'« autosurmontement moral » de toute morale qui en dessine l'horizon pratique, par où quelque chose de « l'éthique » s'accorderait secrètement mais sans mal avec quelque chose de la « probité ». Nulle morale n'est assez morale pour se prétendre morale. Ce qui signifie l'assignation d'un même mot, morale, à une signification 1 et à une métasignification 2, selon un étagement sémantique qu'il est utile de ne pas perdre de vue. La topologie lévinassienne est précisément une topologie du Deux, une cartographie de deux territoires radicalement séparés, sans commune mesure, sans échanges – et pourtant contigus et poreux. Cette topique procède d'un *atopos*, une « utopie de l'humain » d'une part; et une topique de la multiplicité, des lois communes, de la sociabilité partagée, de l'autre (« tous ensemble dans un lieu »). Je n'entends pas ici décrire les « contenus » de l'éthique lévinassienne ou alors seulement pour autant qu'ils sont requis par la description topologique. Je mets donc du même côté, ce qui n'est sans doute pas très lévinassien, l'éthique et l'amour. Structurellement, ils relèvent de part en part du Deux. Il n'est d'ailleurs pas sans intérêt de noter que la genèse de « l'éthique » selon Levinas, telle que les *Carnets de captivité* permettent de la retracer, passe par une longue méditation d'Éros, philosophique, phénoménologique, littéraire.

Cette proximité de l'expérience amoureuse et de l'expérience morale, constamment prise en charge par la littérature qui considère que l'amour contient « une vérité morale » (Proust) ou qu'il est un « événement moral » (Musil), est fondamentale. Quelqu'un comme Jankélévitch, dans *Le paradoxe de la morale*, passe continûment, sans jamais justifier ce passage continu, pratiqué quasi-sauvagement, de la morale à l'amour et de l'amour à la morale. Il y a dans ce beau texte une « dialectique » de l'être et de l'amour, par où la dualité s'efforce de se surmonter. Il faut bien être pour aimer mais ce n'est pas l'être qu'on aime, c'est tout autre chose, tel serait le moteur du paradoxe moral pour Jankélévitch, déterminé par un mouvement allant du « maximum ontique » au « minimum éthique », et vice versa.

Comment se présente descriptivement cette structure régie par le Deux ? Elle articule sans unifier ni rassembler une « morale » hétéronome, la morale de l'éthique, de la proximité, de l'amour, de l'assujettissement à l'autre, de la relation impossible, du face à face, « *von Mensch zu Mensch* », dit Nietzsche – et d'autre part une morale « morale », si l'on peut dire, celle que circonscrit la philosophie morale kantienne, celle qui me contraint à l'universel d'une règle, à des lois, à des prescriptions et à des normes, « la morale qui s'occupe des simples finalités fonctionnelles selon le point de vue des besoins humains », comme écrit Nietzsche encore.

Dans le face à face, je suis immédiatement ordonné à une réponse qui précède toute articulation problématisée, toute pesée, toute pensée, tout calcul. Je suis inscrit à mon corps défendant dans une « situation » où ne règnent ni la paix ni l'égalité. La sphère éthique, beaucoup plus « ancienne » que l'état de nature lui-même, est elle-même une sorte d'« état de nature » éthique que Levinas n'hésite pas à qualifier de « barbarie sauvage de l'altérité »[1]. L'éthique, au

1. E. Levinas, *En découvrant l'existence avec Husserl et Heidegger*, Paris, Vrin, 2016, p. 262. Dans un récent ouvrage, *L'éthique du survivant*, P.U. Paris-Nanterre, 2018, F. Sebbah parle d'une « éthique impitoyable ».

sens du duo asymétrique, est donc pré-politique, pré-sociale. Ce que l'asymétrie désigne structurellement, c'est l'espace courbé et le temps distendu d'une différence, d'une inégalité à deux, où je suis tout ensemble commandé par l'autre et rapporté dans ce commandement même à mon insoupçonnable unicité de quelqu'un. Le face-à-face asymétrique se tient à l'écart de toute collectivité de semblables où l'autre et moi serions juxtaposés, *Nebenmenschen*, autour d'un partage commun. Cet écartement signifie la différence comme non-indifférence et le temps comme laps et retard, bien avant l'espace homogène où chaque homme « fait de tous les hommes les vaut tous et vaut n'importe qui »[1]. Le sujet appelé à répondre est « sujet à » diverses affections qui le troublent, le bouleversent et le dérangent en profondeur. S'il doit répondre instantanément par un agir, avant toute norme, toute règle, toute action méditée ou préméditée, il ne le peut que si un écart irréductible, une transcendance, le traverse avant même lui-même. Cette séparation de l'autre dans le même l'oblige à agir d'une action insoupçonnable par lui-même avant sa pratique immédiate, sans question.

La sphère éthique qualifie une structure pré-originelle fondamentale où toute subjectivité se ramifie, d'où proviennent secrètement toutes les relations interpersonnelles ou intersubjectives. Cet inter-, cet entre, ce rapport entre termes équidistants sont globalement régis par le droit et par la morale, c'est-à-dire par des normes, des valeurs, des codes culturels, alors que « l'éthique » désigne leur condition inconditionnelle, « sauvage ». « L'éthique ne doit rien aux valeurs, ce sont les valeurs qui lui doivent tout », écrit impeccablement Levinas[2]. À la généalogie, il faut encore une généalogie, afin de mieux comprendre la *Scheidung der Moral*. Levinas radicalise Nietzsche.

Kant, lui, détermine au plus près l'émergence de la morale et du droit. Ces derniers, s'ils se distinguent, n'en sont pas moins situés du même côté du Deux. Dans cette perspective, la personne humaine

1. J.-P. Sartre, *Les mots*, Paris, Folio-Gallimard, 1964, p. 213.
2. E. Levinas, *De Dieu qui vient à l'idée*, Paris, Vrin, 1982, p. 225.

est un être qui a des droits. Sa nature même la désigne comme une fin en soi, une fin objective détenant une valeur intrinsèque, que le philosophe de Königsberg nomme dignité. S'il convient, pour être juste, de respecter cette dignité des personnes, c'est parce que, contrairement aux choses qui n'ont de valeur que relativement, comme moyens, les personnes sont libres, c'est-à-dire qu'elles sont des sujets indépendants, antérieurs aux déterminations du monde sensible, et échappant du coup à l'hétéronomie. Être juste, c'est respecter la personne et la respecter, c'est reconnaître sa dignité éminente. Toute réflexion morale gravite ainsi autour de l'idée de personne morale ou de sujet raisonnable, c'est-à-dire de sujet de droit.

Le sujet est un être qui a des droits. Il peut bien éprouver cependant une intense hostilité devant une autre personne. Une personne peut s'estimer lésée par une autre personne dans les droits qui sont les siens. Les rapports de droit, la structure juridique du rapport entre les sujets, viennent précisément se substituer aux sources complexes où s'originent les rapports de force, les affects violents, les conflits inter-égoïques. La paix doit être établie par cette substitution et moyennant l'appartenance commune à la citoyenneté, garante de la commune sécurité. Dans l'état de nature, c'est-à-dire en l'absence de lois, je suis privé de cette sécurité en raison de l'existence même de l'autre « simplement parce qu'il est à côté de moi et qu'il me menace constamment », comme écrit Kant dans le *Projet de paix perpétuelle*. Blanchot, commentant *Totalité et Infini*, disait dans *L'entretien infini* que l'homme face à l'homme n'a d'autre choix que de parler ou de tuer. Avec Kant, je n'ai que deux possibilités, non plus le meurtre ou la parole, mais *le meurtre ou le droit* : ou bien j'oblige l'autre à entrer avec moi dans une communauté de droit ou bien je le nie dans sa proximité de prochain [1].

1. *Cf.* le *Projet de paix perpétuelle*, 2e section, n. 1 : « L'homme dans le pur état de nature me lèse en raison de cet état même, se trouvant à côté de moi, même sans agir par suite de sa condition hors-la-loi qui fait que je suis perpétuellement sous sa menace ; et je puis l'obliger soit à faire partie avec moi d'un état de communauté légale, soit à fuir mon voisinage ».

Toute la pensée de Levinas consiste d'une certaine façon en un effort singulier et insistant pour se porter en amont de l'alternative kantienne. Celle-ci veut exclure toute dimension pathologique, c'est-à-dire liée à autrui, de ma dépendance par rapport aux autres hommes. Elle constitue à ce titre une assomption de toute la tradition de la philosophie politique et morale.

Le face-à-face est en revanche réfractaire à ce qui lie et enchaîne la personne et le droit. Il est rétif à toute extension naturelle vers la politique, à toute transition entre un sujet, dont la liberté conditionnerait la soumission à la loi rationnelle, et une morale universelle. Le duo éthique est sans maxime universalisable parce qu'il s'insinue en un temps où l'invention de la règle surgit à chaque fois et pour chacun de façon im*pré*déterminable, sans devancement possible. C'est bien plutôt le sujet qui est incessamment devancé par la requête impérieuse d'un avoir-à-répondre. Là, la règle est toujours la « fille » de la situation [1].

Peut-on tout de même passer du sujet irremplaçable dans l'instant de l'appel à « l'homme fait de tous les hommes » ? La question est compliquée. En effet, dans la topologie lévinassienne, les tiers ne figurent jamais une instance médiane ou médiatrice, ce qui réglerait dialectiquement la difficulté. Les tiers, comme leur nom l'indique, sont au-delà du Deux. Et pourtant, ils ne sont pas absents ou abstraits du face-à-face. Ils me regardent dans le regard d'autrui, mais ils ne me regardent pas comme autrui lui-même me regarde, ils me regardent sans me regarder, sans la rectitude insoutenable qui est celle du visage, ils me con-cernent. Dans leur multiplicité anonyme et spectrale, dans leur inquiétante proximité, les tiers hantent et cernent le duo éthique ou ses alentours les plus pressants. Autrement dit, l'unicité de la réponse que fait apparaître l'asymétrie en assignant le sujet à une sujétion allant jusqu'à la substitution n'annule pas la pluralité qu'elle précède. Elle ne le peut pas, tout simplement. En effet, l'au-delà du Deux, les hommes dans leur multiplicité, les tiers, font *d'emblée* obligation d'avoir à

1. *HTH* II, p. 163.

penser ce qui leur est commun et en appelle à une Justice. Mais ils sont saisis de cette obligation depuis une immédiateté qui leur est antérieure et extérieure, un avant éthique dont ils sont partie prenante. Ils « crient » justice. C'est ainsi qu'il faut comprendre la très paradoxale formulation d'*Autrement qu'être* selon laquelle « l'entrée » des tiers sur la scène de l'éthique et dans « l'intimité du face-à-face » est « permanente »[1].

La pensée d'une relation est rendue complexe chez Levinas en raison de l'an-archie d'une subjectivité toujours en retard sur elle-même, mais ouverte sur la construction d'un rendez-vous avec soi et tous les autres, structurée comme « autre-dans-le-même ». Or la philosophie politique et morale dans sa tradition dominante prend essentiellement en vue la possibilité d'une continuité plus ou moins harmonieuse entre individu et société, que ce soit dans la figure du contrat, du transfert des forces, de l'association, ou dans celle de la sursomption dans l'universalité concrète de l'État de l'atomistique des volontés individuelles. On a toujours affaire à des procédures où la discontinuité se relève ou s'abolit dans telle ou telle forme de continuité et d'équilibre.

On peut donc estimer que les rapports de la morale et de la politique ne se laissent pas pleinement articuler comme tels, à partir de Levinas. Ils désignent un problème, une difficulté, voire une impossibilité, mais jamais une inintelligibilité. Ils peuvent être pensés selon l'écart temporel du « plus-vieux-que » de l'un, l'éthique, par « rapport » à l'autre, le politique, ou encore en vue d'une « inspiration » de celle-ci par celle-là, pour utiliser un mot que Levinas oppose à toute représentation. L'inspiration éthique est une respiration du politique qu'elle interrompt mais qui ne manque pas de reconduire l'incessante déclosion de l'éthique. Le rapport impossible entre éthique et politique, entre utopie de l'humain et communauté des hommes, n'annule pas les termes qu'il relie. L'impossible n'est rien d'autre que le nom de l'effectif.

1. *Autrement qu'être*, p. 203.

La symétrisation politique, ou politico-sociétale, ou encore morale et juridique, n'est pas « l'éthique » du face à face. Mais, strictement requise dans sa dimension d'universalité comme correctif de l'asymétrie qui me soumet au visage, elle me permet de devenir à mon tour l'autre de l'autre, le différent, le sujet du droit, l'égal, anonymement, de tous les autres sujets. Elle produit l'égalité, la réciprocité des droits et des devoirs, la réversibilité des places et des fonctions, et même idéalement un désinquiètement politique, un apaisement devant la « barbarie sauvage de l'altérité ». Dans ses formes les plus heureuses, la Justice selon Levinas consiste à inventer un espace homogène, un même temps pour tous et pour personne et à garantir ma possible inscription personnelle dans un ordre universel. Après-coup, l'asymétrie et la violence éthiques sont pacifiées par la politique.

À quoi bon « l'éthique », pourrait-on alors se demander ?

Ce qu'elle apporte à une pensée de la politique ou de la morale universelle en tant qu'instance où s'ajustent le visage et les tiers, les personnes et les surimpositions sociales, c'est une dimension empirico-sensible relevant d'une « passivité plus passive que toute passivité ». Telle que l'entend Levinas, elle n'est rien d'abstrait, en effet, rien de désincarné. Elle est au contraire entièrement régie par la « sensibilité », la « jouissance » de *Totalité et infini* ou la « vulnérabilité » d'*Autrement qu'être*. Cette pensée de l'éthique réévalue la vie empirique sous toutes ses faces car « la matière est le lieu même du pour-l'autre » et parce que « le sujet est de chair et de sang, homme qui a faim et qui mange, entrailles dans une peau »[1]. Le corps et la sensibilité, la « physique » comme dit Nietzsche, bouleversent de fond en comble les diverses traditions morales, des Stoïciens à Kant. Il suffit de rappeler que l'inspiration qui autorise, je viens de le suggérer, l'ouverture de l'asymétrie sur la pluralité par le jeu des interruptions, est un souffle, une « animation », « comme une étreinte », dit même Levinas. Une « étreinte » – quoi de plus « pathologique » ! – qui ne saurait se « figer en structure

1. *Autrement qu'être*, p. 97.

sinon, quand représentée dans l'exigence de justice, réversible, elle retombe en simple relation »[1].

La morale, au sens éthique (Levinas), et sauf à être profondément immorale, ne se peut qu'immergée dans une dimension d'ultramatérialité, selon un mot de *Totalité et infini*, c'est-à-dire d'une « matérialité plus matérielle que toute matière »[2]. Comment ne pas nourrir de nourritures plus que terrestres, comment ne pas accueillir dans l'intimité de son chez-soi, comment ne pas subvenir aux besoins les plus triviaux et les plus immédiats de qui appelle ?

Par cette irréductibilité ultramatérielle du face à face, par l'éthique donc, le Deux se dresse à même la morale, comme une balise et comme un obstacle. Dire « deux morales », c'est dire que la question (de la) morale ne va jamais de soi, qu'elle dépend d'un certain nombre de conditions ou d'exclusions, de modes et de régimes de déploiement inclusifs qu'il convient toujours de garder à l'esprit pour ne pas être « dupe de la morale », ce qui est constamment requis par l'exigence morale elle-même – telle que la radicalisent le respect, la probité ou le visage.

Ce Deux est commandé par la question nietzschéenne de savoir si la règle est la mère ou la fille de telle ou telle situation[3]. Elle est, je l'ai dit, décisive. Dans la « morale » du face à face, de la proximité dangereuse d'autrui, dans la morale du *Mitmensch* cohénien, la « règle » doit s'inventer ou se soutenir de l'abolition de toute règle convenue, dans une instabilité chronique et foncière – qu'il s'agisse d'une relation « éthique », amoureuse, amicale, bref de toute situation où l'altérité envahit de sa « barbarie sauvage » le rapport, soit le non-rapport qui me subordonne à l'autre. En revanche, dans la justice, la pluralité, l'égalité, dans cette sphère morale superposée, dans la morale apathologique du *Nebenmensch*, où je suis pris au même titre que tous les autres, à côté de tous les autres, les situations sont déterminées par la règle-mère et l'usage

1. *Autrement qu'être*, p. 104 – il faudrait aussi longuement souligner la centralité matérielle de la *bouche* dans ces développements.

2. *Autrement qu'être*, p. 170.

3. *HTH* II, p. 163.

qui en est fait. *Dans la relation à deux, faire appel à une règle préexistante pour s'exempter d'une réponse ultramatérielle est immoral, alors que dans la société des tiers, s'en excepter serait parfaitement répréhensible.*

Parler de « deux morales » implique la nécessité et l'urgence d'une évaluation « morale » de la morale. Le questionnement moral oblige continûment à se porter en amont ou en aval de l'universalité supposée de la morale du devoir dictée par la volonté bonne. L'universalité emporte l'idée d'une seule morale. Il ne faut certes pas y renoncer mais en engager le mouvement « par-delà le bien et le mal », au-delà et en deçà de l'unicité sémantique du terminus « moral ». Les deux morales ne se rejoignent pas, leurs impératifs sont hétérogènes, mais elles sont pourtant requises l'une et l'autre, alternativement, successivement, simultanément parfois. À quoi bon chasser le pathologique par la porte s'il revient par la fenêtre ?

Le primat du Deux signifie que la morale est une passion, bien plus profonde que cette mince croûte de devoirs et de commandements inventés par la religion ou les conventions qu'on y voit parfois, lesquels ne se peuvent que depuis la passion morale, justement, leur condition de possibilité et d'existence. Cette expression de *passion morale* indique d'elle-même une tension où loge le Deux. La passion morale est la passion de l'autre et « l'expérience » de la passion de l'autre, si toutefois l'expérience n'est pas immédiatement défaite par la passion comme passivité. La morale de l'universalisation de la maxime est une tentative « morale » de désactiver la passion morale, d'en rapporter la pathologie, pour mieux la calmer, à un autre type d'expérience, celle d'un amenuisement continu de l'altérité. Le sentiment de la puissance peut prendre ici le relais. Si la morale est une passion funeste, le signe du nihilisme, la généalogie permet d'esquisser une métamorale, une grande raison, une autre justice, au-delà de toutes les antinomies métaphysiques du bien et du mal. Tout ce qui permet d'accroître le sentiment de soi, sa puissance de déploiement dans la vérité et la probité des corps et des affects, contribue à l'effectuation d'une nouvelle morale – une morale du bonheur.

L'EXPÉRIENCE MORALE N'EST PAS UNE EXPÉRIENCE

Le primat du Deux signifie un écartement et cet écartement est le lieu ou la durée d'une « expérience ». Mais l'expérience est un concept trompeur. Son sens courant – et il faut y être attentif – articule plus ou moins deux pôles, un pôle de passivité (endurer, éprouver, accueillir) et un pôle d'activité (mûrir, enrichir, faire fructifier), celui-ci relevant positivement celui-là. Dans la vie commune et la langue de chaque jour, l'expérience, est constamment portée au crédit de celui qui en est pourvu. Elle charge et rend plus denses les personnalités, comme fait le temps pour les bons vins. Les rencontres et les voyages au bout du monde, les épreuves et les soucis traversés, les deuils et les joies auront élargi les sens et approfondi la pensée. L'expérience consiste alors à sédimenter et capitaliser ces élargissements au profit de qui en bénéficie. L'homme d'expérience est fiable, c'est un homme de bien. Les multiples expériences accumulées, agrégées, assumées, constituent ses biens, partageables comme autant de bienfaits. Son jugement même s'en trouve éclairé et mieux assuré. On peut s'en remettre à ses opinions, à ses réflexions, à ses conseils et recommandations, davantage en tout cas qu'à ceux de qui n'a pas « vécu » et manque d'expérience, cruel défaut qui entame jusqu'à sa réflexion et sa lucidité. L'expérience se présente ainsi comme une denrée chèrement acquise au fil des ans, le capital le plus précieux qu'un homme pourra porter à son crédit.

La philosophie se tient dans la polarité du passif et de l'actif lorsqu'elle thématise la différence doctrinale entre empirisme et rationalisme. Pour le premier, l'expérience est un point de départ qui délivre de lui-même un certain nombre de lois qui sont en fin de compte celle de l'esprit lui-même. Pour le rationalisme, l'esprit est un principe d'activité qui organise les données de l'expérience. Aussi la modernité philosophique, de Hegel à Husserl, a-t-elle pu prendre en charge la notion d'expérience en la centrant autour du sujet (de l'expérience). L'expérience (du sujet) décrit un mouvement général qu'on pourrait appeler *qui-perd-gagne*. La conscience ne s'aliène et ne se vide de soi dans l'extériorité que pour mieux se retrouver, plus chargée de soi après qu'avant. Ses aventures l'exposent au pire, comme Ulysse au cours de ses périlleuses navigations, mais elles lui promettent aussi, à condition d'être traversées et surmontées, le calme et la volupté du retour au pays natal.

Or l'expérience dont nous instruisent les deux morales n'est pas de ce genre. Elle serait plutôt de l'ordre d'une expérience *négative* ou d'une « expérience hétéronome » selon le bel oxymore lévinassien[1]. Elle est ce qui advient hors sujet, sans réappropriation de soi et sans ré-immersion dans le flux du vécu. Les grandes expériences de notre vie ne sont pas vécues par nous, comme le note avec profondeur Levinas[2]. Car ce que nous sommes résulte davantage de l'absence de certaines expériences que de celles que l'on fait, comme le remarque encore Nietzsche[3]. C'est qu'en effet l'expérience, « on ne la provoque pas, on la subit. Plutôt patience qu'expérience », écrit Camus[4]. « *Patience* » ou passivité plus passive que toute passivité, elle évide plus qu'elle n'enrichit – si l'on entend par ce mot d'enrichir une thésaurisation des vécus qui me rendrait encore plus et mieux sujet de moi-même. Cette « expérience » – gardons le mot faute de substitut convenable – me dépossède. Et ceci pour une raison très simple : dans l'expérience hétéronome ou négative, c'est toujours l'autre qui fait effraction en moi. Son étrangeté m'encombre et je m'en trouve désormais altéré, chargé, comme d'un fardeau dont je ne peux plus me défaire. Voilà que la vie du premier venu s'est insinuée dans la mienne, sans que je le veuille, le souhaite ou l'attende. Cet intrus, je l'accueille et le reçois, malgré moi, et ces gestes que je me vois faire sans comprendre interrompent toute quiétude. Pire, cette tranquillité perdue n'est même pas perdue, elle ne manque même plus, au

1. E. Levinas, *En découvrant l'existence*, *op. cit.*, p. 266.
2. *Ibid.*, p. 294.
3. *HTH* II, § 36.
4. *Carnets*, mai 1935-février 1942, Paris, NRF-Gallimard, 1962, p. 17.

contraire. L'expérience éthique, avant d'être civilisée par la morale des droits et des devoirs, n'est pas provoquée par des actes que je poserais ou des situations que je choisirais [1]. Elle ne commence pas en moi, elle est une « expérience » d'avant toute expérience. Cette patience, pour parler comme Camus, est un envahissement, une invasion, une intrusion qui ne peuvent aller sans une certaine violence, à des degrés évidemment très divers, de l'amour fou à la responsabilité inconditionnelle, de l'hospitalité à la substitution. Au lieu même de l'expérience, *Erfahrung* ou *Erlebnis*, une spectralité se diffuse à même la subjectivité et la destitue insidieusement, en se faisant passer possiblement pour une « expérience », alors qu'elle ne fait que signer et désigner *une vie habitée par les hôtes, par les autres*. Il se trouve que cette structure caractérise selon Levinas la subjectivité elle-même, « *autre-dans-le-même* » [2], c'est-à-dire la subjectivité hors-expérience ou l'expérience hors-subjectivité. Il est notable que les penseurs qui ont tenté de cerner cette expérience non-empirique (Schelling, Rosenzweig et quelques autres) ont tous caractérisé leur position philosophique comme un empirisme, mais en y adjoignant une qualification renvoyant à une dimension supra- ou extrasensible de l'expérience, absolu, métaphysique. On pourrait dire de même de la philosophie de Levinas qu'elle est à sa façon un empirisme éthique.

L'expérience morale telle que j'essaie de la cerner relève d'une passivité plus ancienne que toute antonymie de l'activité et de la passivité – de cette *passivité plus passive que toute passivité* dont j'ai disposé quelques contre-points et points de repère, le « sentiment » moral qu'est le respect ou son autre qu'est le « sentiment » de la puissance procuré par l'accroissement dynamique des forces engagé

1. Elle exclut donc la délibération comme dit un poète de la Pléiade, Philippe Desportes (1546-1606) : « Je délibère en vain d'une chose advenue, / Car puis qu'outre mon gré mon âme est devenue/ Prisonnière d'Amour, que sert de consulter/ S'il est bon de le suivre, ou s'il faut l'éviter », *Anthologie de la poésie française*, R. Kanters et M. Nadeau (dir.), Paris, Éditions Rencontre, 1967, « Le XVIe siècle », t. II, p. 241-242.

2. En bonne part, *Autrement qu'être* n'est que l'élucidation continuée de cette structure.

par le déploiement de la volonté de puissance. La passivité plus passive que toute passivité est elle-même décrite par Levinas comme une « expérience », mais d'un type tel qu'elle serait l'expérience de ce qui ne se laisse jamais tenir contenir dans une expérience[1]. Pourquoi ces précautions oratoires qui pourraient paraître oiseuses ?

Elles ne le sont pas. L'expérience comme passivité plus passive que toute passivité est structurellement analogue à l'événement. Peut-être est-ce la même chose. L'une et l'autre s'enracinent en profondeur dans une *extériorité réelle*, absolument irréductible, antérieure à toute saisie. Proust, en la rapportant à la « réalité », y voit comme « un coup de couteau » : « la réalité est quelque chose qui n'a aucun rapport avec les possibilités, pas plus qu'un coup de couteau que nous recevons avec les légers mouvements des nuages au-dessus de notre tête »[2]. L'extériorité non récupérable en intériorité, l'effectivité antérieure à toute potentialité, me tombent dessus. Et il y a quelque chose de futile et de vain, une « superstition », à croire qu'une expérience déjà expériencée pourra m'aider à affronter une expérience non encore expériencée. Toute expérience de ce type renverrait ainsi à une expérience de l'expérience, et celle-ci à une expérience de l'expérience de l'expérience, indéfiniment.

Ce qui m'arrive de grave, ce qui pèsera désormais de tout son poids sur mon existence, m'arrive d'un dehors « coup de couteau ». L'« expérience » n'y pourra rien changer, elle ne me sert à rien puisqu'elle vient toujours trop tard, après-coup. Elle n'éclaire jamais, et au mieux, que le déjà accompli et guère le « marqué à vif » d'un événement (Proust). Si la « réalité » avait rapport avec « les possibilités », si elle consistait en son fond dans l'ensemble de leurs actualisations, toute expérience serait pressentie, préfigurée, pré-expériencée, quasiment pré-vécue. Les expériences morales « coup de couteau » (sans doute y en a-t-il d'un autre ordre, mais ce

1. *Autrement qu'être*, p. 83 par exemple. Balzac parle des « superstitions de l'expérience » dans une très belle analyse de la passion amoureuse (*La Femme de trente ans*, Paris, Livre de Poche, 1991, p. 141).

2. *À la recherche du temps perdu*, éd. J.-Y. Tadié, « Bibliothèque de la Pléiade », t. I, Paris, Gallimard, 1987, p. 357.

ne sont pas « les grandes expériences de notre vie », ce sont de petits événements sans conséquences majeures) se posent et s'imposent comme cette massive réalité précédant la fiction de ses possibilités et déjouant toujours déjà leurs actualisations. Elles n'obéissent pas à ces processus de subjectivation appropriante qui feraient qu'elles sont « vécues par nous ». Jean-François Lyotard l'explique avec force dans le dialogue qu'on peut lire dans une belle page du *Différend* : « Comment ce qui est fermé, le moi, peut-il être aussi ouvert, passible à la transcendance d'une extériorité ? Ne s'agirait-il pas, somme toute, de la dialectique du bord, de la limite, mouvement tout à fait hégélien : pas d'intériorité sans extériorité et l'inverse ? Pas de moi sans autre, pas d'autre sans moi [...] ? Qu'il n'y ait pas de moi sans autre, on peut l'admettre si l'autre est son autre. Le moi se constitue en se perdant et en se relevant de ses aliénations dans le mouvement narcissique qui le pousse à être pour soi. Mais l'autre qui ne serait pas sans moi n'est pourtant pas mon autre, il n'est pas une aliénation momentanée de mon odyssée, mais ce qui la détraque. – Comment le savez-vous ? – Par ce détraquement, par le dessaisissement, la passion que provoque sa demande. Bien loin de m'enrichir, de me donner l'occasion d'accroître et d'éclairer mon expérience, *l'arrivée de l'autre me supprime comme sujet d'une expérience* »[1].

C'est à partir de cette « suppression » que les deux morales, le fait qu'il y en ait « deux », se soutiennent. L'événement moral, « la passion que provoque (la) demande » de l'autre, abroge l'expérience et détraque le sujet « subjectif » que je suis. Pourtant, une certaine expérience morale poursuit sa constitution « objective » dans des codes, des règles, des usages et des pratiques. Les deux morales sont moralement requises. Qu'il y ait deux plans, deux registres n'obéissant pas aux mêmes requêtes éthiques, signifie que l'expérience morale n'est pas d'un seul tenant. Si l'on veut à toutes forces faire de ce deux un seul et unique ensemble homogène de préceptes, le « despotisme moral », la « barbarie sauvage » ou la

1. J.-F. Lyotard, *Le Différend*, Paris, Minuit, 1983, p. 166-167 (je souligne).

« furie destructive » risquent fort de se déchaîner. Le deux laisse un espace aléatoire ouvert où le mal (par exemple l'écart entre vertu publiquement affichée et vices privés cultivés en secret) peut sans doute advenir. Mais le pire qui n'est jamais sûr, alors que l'homogénéisation factice et forcenée des différences entre les deux morales porte d'emblée une terrible violence. Hitler écrivait fort vertueusement, je l'ai rappelé, que « l'État total ne tolérera pas de différence entre droit et morale ». C'est cette différence qui sépare les deux morales, c'est elle qu'il est funeste de ne pas tolérer. S'il n'y a pas d'écart, dans la figure de la *passée* – au sens où Levinas, pastichant Pascal, peut dire que la justice passe infiniment la justice[1], s'il n'y a pas de différence, et si la morale ne passe pas infiniment la morale, alors la volonté furieuse de ne rien laisser dans l'ouvert d'une faille, l'insupportable d'une extériorité irrécupérable, d'un hors de soi, conduiront à leur résorption fictive dans et par la positivité totalisante de l'institution, du droit, de l'État, voire de la société civile. Les périls concurrents de la politisation de la morale ou de la moralisation du politique sont souvent conjugués, plutôt qu'exclusifs.

Arrêtons-nous pour finir sur deux figures remarquables d'expérience hétéronome, où l'on voit comment la morale passe la morale, évitant le péril d'une violence intimement associée à l'intolérance devant la différence éthique. Il s'agit de l'hospitalité et de l'amour.

1. *Autrement qu'être*, p. 246.

L'HOSPITALITÉ, UNE AMBIVALENCE FONCIÈRE

L'hospitalité se présente le plus souvent comme une vertu morale, une sorte de charité pratique. En étant hospitalier, l'accueillant témoigne pour lui-même, il fait la preuve de son humanité. Il atteste cette grande vertu humaine, l'hospitalité, au même titre que sont des vertus, pour qui les montre et les exerce, la clémence, la sincérité, la probité, par exemple. Mais l'hospitalité est également un devoir, sacré parfois, qui peut exposer celui qui ne s'en acquitterait pas à de graves conséquences. Les accueillis, les hôtes de l'hôte, témoignent pour les hôtes qui les auront accueillis, nourris, protégés.

Le mot hôte, on le sait, qualifie les deux côtés de la relation, pourtant asymétrique, d'hospitalité, celui qui reçoit et celui qui est reçu. La relation d'hospitalité semble se matérialiser, au moins institutionnellement, dans un pacte de réciprocité des actes et des opérations où sont entre-impliqués l'invitant et l'invité. Les rôles ainsi dévolus dans l'asymétrie de leur distribution sont tour à tour occupés par chacun de nous ou chaque part de soi, accueillant et accueilli. La langue en porte le mémorial et le témoignage. La trace indo-européenne de l'ambivalence de l'hospitalité se montre ainsi dans les glissements sémantiques qui vont, pour le latin par exemple, de *hostire*, impliquant une relation égale, une compensation économique entre l'*hostis* et l'*hospes*, l'accueilli et l'accueillant, jusqu'à *hostis*, l'ennemi (l'armée se disait autrefois *ost*), en transitant par *hostimentum*, *hostia.* Hospitalité et hostilité peuvent bien être des antonymes logico-syntaxiques, elles se côtoient néanmoins dangereusement pour signifier au moins une chose : accueillir autant qu'être accueilli expose à des intentions mauvaises et à un risque constant de retournement funeste. Ainsi, pour les Hébreux, le généreux accueil réservé par l'Égypte à quelques-uns des leurs, l'asile autrefois donné, se retournera en féroce esclavage, en lieu de cruauté impitoyable, la « fournaise » dont parlent les textes. Si la menace plane inexorablement sur les hôtes, accueillir et être accueilli relèvent aussi, et pour cela même, du plus haut des défis éthiques, dès lors que l'hostilité est vaincue dans et par une hospitalité qui l'aura surmontée comme sa tendance la plus intime. Une nouvelle de Camus, *L'hôte*, qu'on peut lire dans *L'exil et le royaume* et que Derrida a commentée, fait accueil à cette ambivalence chargée de violence. « L'hôte » est un prisonnier, « l'Arabe » aux mains liées, que le gendarme Balducci charge l'instituteur Daru d'héberger en acceptant d'en être « l'hôte » pour une nuit, avant de le livrer à la police le lendemain. L'ambivalence du français hôte, accueillant/accueilli, embrouille la répartition des rôles et devient l'expression la plus adéquate, dans son inadéquation, de la situation coloniale elle-même. Kant, dans le *Projet de paix perpétuelle*, a montré comment le « droit de visite » fut effroyablement détourné de son sens par les puissances coloniales européennes. L'hôte-accueillant, Daru dans la nouvelle de Camus, est toujours déjà un hôte-accueilli, hébergé par celui-là même qu'il croit héberger[1]. Je est un hôte et tout hôte est otage, pour le dire avec Levinas, de *Totalité et infini* à *Autrement qu'être*. C'est ce qu'endure Daru, l'hôte accueilli alors qu'il croyait accueillir.

Si l'accueil, de part et d'autre, ouvre à un risque qui peut être extrême, voire mortel, il devra s'exercer hors tout calcul, tel est son préalable « moral ». Si l'accueillant n'accueille que sous condition du « risque zéro » dont on sait bien qu'il « n'existe pas », alors son hospitalité est très douteuse. Il ne pourra finalement qu'accueillir un cadavre. Lorsque Zarathoustra frappe à la porte d'une maison isolée, le corps du saltimbanque sur l'épaule, le vieillard qui ouvre

1. « L'Arabe » est expressément désigné comme « l'hôte » de Daru – et c'est la seule occurrence du terme dans l'ensemble du récit, *L'exil et le royaume*, Paris, Folio-Gallimard, p. 91. *Cf.* J. Derrida, « Fidélité à plus d'un » dans *Idiomes, nationalités, déconstructions*, Casablanca, Toubkal, Cahiers intersignes, 1998, p. 254 *sq*. J'ajoute un mot : l'ambivalence de *hôte* ouvrant à celle de la situation coloniale (Kant, Camus ou encore Massignon qui voyait dans la guerre d'Algérie une distorsion perverse de l'hospitalité) entre en congruence avec le retournement inverse du recueillement en accueil décrit par Levinas dans *Totalité et infini*, où la Maison n'est que la condition de possibilité de l'Hospitalité.

sa demeure lui donne à boire et à manger, mais il tient à faire de même avec le mort. Seule lui importe en effet la forme de son geste d'hospitalité, l'intention personnelle censée l'animer[1]. Qui sait, c'est peut-être Dieu lui-même qui frappe à sa porte « comme un voleur » (*Apocalypse*, chapitre 3) ou encore un dieu de l'Olympe déguisé en pèlerin. Il faudrait donc répondre non point par égard pour qui demande l'hospitalité, mais par précaution, afin de n'avoir pas à encourir reproche ou mise en cause – le visiteur suscitant à la fois et impondérablement craintes et désirs. Cette hospitalité calculée est alors un *pur devoir* qui ne regarde que celui qui l'accorde sans aucune attention à ses contenus, au visage de qui la demande, au simple fait qu'elle ne peut concerner que les vivants. Retenons trois points : 1) l'hôte est le nom unique de celui qui accueille et de celui qui est accueilli ; 2) l'hospitalité et l'hostilité s'entrelacent (« hostipitalité » dit Derrida[2]) comme une menace ; 3) s'il ne s'effectue qu'à la condition que cette menace soit préalablement levée, l'accueil se réduit à un calcul neutre et indifférent qui ne vise pas plus les vivants que les morts. À partir de ce triple constat, on peut se demander ce qu'il en est de la possibilité et des modalités d'extension de la vertu d'hospitalité à une politique de l'hospitalité, via la règle, le devoir ou l'injonction, l'acte de charité ou de solidarité. Peut-on faire de l'hospitalité une politique ? L'arrivée massive des « migrants » en Europe au cours des deux ou trois dernières années en fait une question brûlante.

L'hôte, ce peut être le « visage » qui me commande, selon la topologie éthique d'Emmanuel Levinas. Et alors, je renvoie à tout ce qui précède, l'hospitalité est inconditionnelle, sans objection possible, sans choix, sans engagement dans une initiative individuelle. Mais ce peuvent être aussi les « tiers » dans leur multiplicité éventuellement menaçante, hostile. Il faut alors qu'une « justice », c'est-à-dire une instance tierce, politique, juridique, intercède afin de réguler l'accueil inconditionnel pris dans le Deux du face à face à

1. F. Nietzsche, *Ainsi parlait Zarathoustra*, Prologue, 8.

2. J. Derrida et A. Dufourmantelle, *De l'hospitalité*, Paris, Calmann-Lévy, 1997, p. 45.

quoi je ne peux pas ontologiquement me dérober – quand bien même je le pourrais empiriquement. Cette tierce instance juridico-politique devra alors permettre de convertir l'hospitalité inconditionnelle en un droit des hôtes, un droit conditionnel comme tout droit. Il nous faut donc considérer l'hospitalité selon un double étagement et distinguer encore entre une hospitalité catégorique, c'est-à-dire absolue et inconditionnelle, et une hospitalité hypothétique, c'est-à-dire soumise à une série de conditions préliminaires qui doivent être remplies pour que le droit puisse s'exercer.

La question d'une politique de l'hospitalité se précise. C'est bien de la détermination de conditions spécifiques que dépendent son statut et ses contours : comment passer du catégorique à l'hypothétique, de l'inconditionnel à la condition, de la vertu au devoir, du face à face à la société, du Deux à l'innombrable, bref de l'éthique à la politique ? Ce passage n'est en aucun cas assuré et on ne peut pas négliger l'éventualité d'une impossibilité de transiter d'un registre à l'autre.

Ce qui marque donc l'hospitalité, à même la langue, mais aussi bien, ceci renvoyant à cela, dans les usages et les codifications sociaux et historiques, c'est une dualité et même une pluralité fonctionnelle remarquable. Le Dictionnaire universel de Furetière de 1690 distingue deux hospitalités, une pratique charitable de l'hospitalité, due à des personnes de rang inférieur, les pauvres et les nécessiteux, et une pratique réciproque, due aux égaux et aux pairs. L'Évangile de Luc recommande expressément l'exercice charitable et va quasiment jusqu'à proscrire la seconde. Toute politique d'hospitalité consistera à convertir stratégiquement l'ennemi en hôte, l'*hostis* hostile en *hostis* invité en s'en faisant l'*hospes* accueillant. C'est cette conversion pacifique que s'assigne la justice lévinassienne. L'altérité brute, celle du visage, rencontre beaucoup plus et bien pire que mon « hospitalité ». Elle me prend en otage purement et simplement. Cette « barbarie sauvage de l'altérité » ne peut pas faire l'objet d'une politique. La disproportion est patente. La politique, même la plus « éthique », doit inventer des procédures de conversion en accueil accueillant. Elle advient donc à partir d'une épreuve où est engagé, gagé aussi, parié, un renversement qui se produit depuis des conditions, des pratiques de sociabilité, des dons et des contre-dons, des services et des secours. Ainsi le code d'entrée et de séjour des étrangers et du droit d'asile (CESEDA) de 2004, quoi qu'on pense de ses dispositions concrètes qui peuvent faire l'objet de critiques, statue en tant que tel sur toute une série de déplacements dans l'espace (l'arrivée, le séjour, le regroupement familial et l'intégration, l'éloignement et l'expulsion, l'asile et l'hébergement). Une politique s'y dessine où se module une configuration de l'hospitalité réglée par la frontière entre le dedans, la nation, et le dehors, l'étranger.

Il y a une tension intime dans l'hospitalité, chacun sans doute l'aura un jour ressentie, dès lors qu'elle a à se pratiquer et elle n'est évidemment rien hors de sa pratique. Ce qui tend et distend cette pratique hospitalière, c'est la concurrence entre une imprégnation de type éthique et un paradigme politique, l'ouverture du Deux vers l'horizon de tous.

Dans la tradition biblico-hébraïque, l'hospitalité est considérée comme une *mitzva*, un commandement, d'une importance majeure. Accueillir d'autres hommes, différents de soi, venus d'une lointaine cité, doit s'effectuer spontanément, par anticipation, sans attendre une quelconque sollicitation et en primant toute autre activité, y compris la communion avec Dieu. Abraham, modèle de l'accueillant hospitalier, interrompit sa conversation avec le Tout-Puissant, s'excusa auprès de lui et courut inviter les voyageurs qu'il venait d'apercevoir à partager repas, gîte et couche. Une fois reçu sous sa tente, l'étranger doit être servi par l'hôte lui-même, et non par ses serviteurs auprès de qui il ne peut en aucun cas se décharger de son devoir. Après avoir été nourri, logé, après qu'il s'est restauré dans la maison de son hôte aussi longtemps qu'il le souhaite, l'étranger sera raccompagné jusqu'à ce qu'on se soit assuré qu'il reprenne sa route sans encombre.

La figure d'Abraham forme un saisissant contraste avec les pratiques des habitants de Sodome dont l'abomination principale est le refus d'accorder l'hospitalité aux étrangers sauf à en abuser ignominieusement. C'est ce qui leur rend Loth suspect et le met en danger. C'est même ce qui emporte la décision de Dieu de détruire Sodome. Abraham intercède pourtant en faveur des Sodomites et implore Dieu de les épargner pour peu qu'il puisse se trouver dix justes dans la cité. Si les « autres » sont ceux qui ne font pas accueil aux autres, nous ne devons pas pour autant les traiter autrement que comme ces autres que nous avons à accueillir, même, surtout peut-être, si nous ne comprenons pas leur « méchanceté ». L'hospitalité abrahamique se caractérise également par le non-savoir quant à l'identité ou à l'éventuelle notoriété des accueillis. Abraham et Sarah ne savent pas qui sont les Trois Anges qu'ils reçoivent. Et ce non-savoir ou cet autrement-que-savoir purifie la pratique de la *mitzva* d'hospitalité de tout calcul et la rend supérieure à une ouverture de soi qui saurait qui elle accueille, de quoi il retourne et le parti à en tirer.

L'hospitalité est bel et bien due au premier venu, étranger, misérable, anonyme – avec le risque qui accompagne l'accueil de l'inconnu au sein même de soi, en quelque sorte, en dedans de la spatialité intime de sa maison. La conduite d'Abraham est constamment décrite dans l'excès qui la caractérise par rapport à un exercice minimal, et cependant louable, du devoir d'hospitalité. Il fait le service, il offre les meilleurs fruits du verger. Un *midrach* raconte même qu'il établit un tribunal afin de régler les éventuels litiges entre ou avec les hôtes de passage et afin que justice leur soit toujours due et rendue et qu'ils soient sujets de droit, interpellables, responsables, assignables – tout comme Athènes fit place à un droit d'accès des étrangers aux tribunaux. Geste remarquable qui illustre l'hypothèse lévinassienne d'une « entrée des tiers », la justice, « permanente », sur la scène éthique de l'accueil des étrangers dans la droiture d'un face à face. L'excès caractérise la pratique abrahamique de la bienfaisance. Il se présente évidemment comme un défi au bon usage de la saine raison évaluatrice. C'est exactement ce qui conduira Abraham à faire accueil sans mot dire au commandement d'avoir à sacrifier son fils Isaac. La « ligature », comme dit la tradition juive, constitue ainsi l'épreuve suprême du devoir d'hospitalité, par où la vie et sa mise en jeu priment sur tout sens ou recherche de sens. Cette observation suggère que l'hospitalité fait accueil en elle-même à une dimension proprement sacrificielle. Pour se résigner à accueillir chez soi, dans sa maison, il faut au moins sacrifier sa propre répugnance à le faire, son penchant à ne pas le faire. La leçon principale dont nous instruit la tradition juive est que l'hospitalité la plus authentique déborde forcément ce que la Loi en prescrit. D'ailleurs, le droit hébraïque intègre paradoxalement à soi son propre au-delà (*lifnim michourat ha din*). L'observance stricte, comme on dit, si elle est « stricte », c'est-à-dire si elle n'excède pas les limites légales telles qu'elles sont circonscrites dans un corpus ou un codex, risque fort d'être insuffisante. Pour être pleinement effective, l'observance doit aller au-delà de la prescription, au-delà d'elle-même.

Mais il ne faudrait surtout pas conclure hâtivement que l'excès seul fait loi, que la Loi, la prescription, le commandement sont lettre morte, ou encore qu'il importerait dialectiquement de les abolir pour mieux les réaliser. La Loi détermine de part en part le jeu de l'excès. Sans la Loi, sa force et sa rigueur, tout le propos s'effondre et l'au-delà du droit perd son sens.

La vraie question, casuistique, consistera à se demander jusqu'où peut aller l'excession de la règle, sans l'anéantir mais en la mettant cependant en cause. On peut considérer qu'une loi est mauvaise si elle efface délibérément ses propres marges d'aléa, si elle en vient à prohiber l'exercice effectif, donc excessif, de l'hospitalité. La loi est évidemment dans son rôle lorsqu'elle entend soumettre cet exercice à des règles, des limites, des conditions, comme le fait le CESEDA. Elle en sort lorsqu'elle l'interdit purement et simplement, comme dans l'article L622-1 du Code Pénal qui condamne « toute personne qui aura, par aide directe ou indirecte, facilité ou tenté de faciliter l'entrée, la circulation ou le séjour irréguliers, d'un étranger en France [à] un emprisonnement de cinq ans et une amende de 30 000 euros ». L'ambivalence se marque par une double limite, un encadrement balancé. Si l'hospitalité inconditionnelle n'a que faire des déterminations légales, il serait entièrement erroné de conclure à leur caractère inutile ou néfaste. L'hospitalité politique, conditionnelle, sera, elle, nécessairement soucieuse de la contrepartie de l'accueil, elle ne peut faire autrement. L'étranger devra se soumettre, mais jusqu'à un certain point seulement, aux usages en vigueur dans la maison qui l'accueille. Ni l'un ni l'autre, ni Abraham, ni les responsables politiques, ne sont illégitimes. Toute position unilatérale et exclusive, ou bien l'accueil sans limite ou bien la loi sans la grâce, est porteuse d'un désastre. Toute la question, très difficile, est de savoir comment les types de requêtes convoqués par l'une et l'autre positions peuvent entrer en collision sans provoquer une déflagration qui les ruinerait toutes deux.

Ceci est une question politique, car la politique, c'est exactement cela : comment réguler un conflit, même violent, pour qu'il ne vire pas en explosion funeste ni ne soit écrasé dans les termes et les forces qui le constituent, pour qu'il n'accouche ni de la guerre civile (la loi contre l'amour) ni de la dictature (ou de la loi ou de l'amour)? Toute méditation sur l'hospitalité conduit à se méfier de la simple indignation vertueuse sans considération du poids des formations de compromis proprement politiques, autant que du rappel intransigeant à la loi sans considération de la provenance inconditionnelle de l'injonction éthique de l'accueil.

LE DOUBLE RÉGIME DE LA MORALE D'HOSPITALITÉ

L'hospitalité ne peut pas ne pas être analysée selon son régime d'absolue inconditionnalité, tel qu'il apparaît dans les termes de la tradition juive de pensée ou dans la nouvelle de Camus. J'ai à répondre de l'inconnu qui vient et, le recevant dans ma demeure, je fais comme si lui m'y recevait, j'en fais l'hôte et de moi son hôte. Daru, fidèle sans le savoir à ce que prescrit la règle juive de l'hospitalité, raccompagne le prisonnier dont il a la charge jusqu'au croisement de ses chemins, le laissant libre de choisir, ou non (ce qui sera le cas), sa liberté. Mais ce devoir inconditionnel se heurte sans cesse et parfois douloureusement à des conditions politico-administratives ou bien culturelles-institutionnelles qu'il serait irénique, et donc fatal, de ne pas vouloir considérer.

D'abord, l'accueilli selon l'immédiateté catégorique de l'accueil n'est pas exactement congruent avec l'étranger hypothétiquement soumis à des conditions qui sont en général des conditions légales renvoyant à des statuts juridiques et administratifs précis. Un étranger, pour être accueilli dans le cadre d'une politique hospitalière, doit pouvoir exciper d'une situation d'étranger en bonne et due forme : avoir une pièce d'identité, justifier d'un nom propre, attester une nationalité, un âge, etc. Un étranger qui ne pourrait pas témoigner minimalement de sa situation d'étranger, par un document quelconque, n'entrerait même pas dans le cadre d'une quelconque politique d'hospitalité. Toute la question, posée en particulier par Derrida, est de savoir si je ne peux ou ne dois accorder l'hospitalité qu'à un sujet capable de s'identifier dans sa subjectivité propre afin d'accéder à un statut de sujet juridique apte à entrer dans un contrat passé entre accueillant et accueilli.

Ensuite, il ne faut pas oublier que l'hospitalité, l'*Essai sur le don* de Mauss l'a montré, peut être contrainte et intéressée alors même qu'elle se théâtralise comme un acte libre et gratuit. L'hospitalité peut donc relever d'un régime de pure prestation, où don et contre-don gouvernent de complexes cycles d'échanges matériels et symboliques. On a ainsi affaire à une hospitalité à charge de revanche, comme dit significativement le français : gare à qui ne s'acquitterait pas de la contre-prestation, la vengeance guette.

Comment confronter cet ensemble de conditions déterminées au fond par la loi, juridique ou rituelle, et relevant de la conditionnalité de l'accueil, avec le régime d'inconditionnalité qui en ouvre la possibilité et la pensabilité ? Comment consentir à ce que l'hospitalité se détache presque toujours sur fond d'inhospitalité ? Cette confrontation croisée, comme celle de la condition et de l'incondition, est centrale. Qu'est-elle d'autre d'ailleurs sinon la politique même ? Celle-ci ne fonctionne qu'à titre de trans-action continue entre ces deux régimes de problèmes, éthiques et pratiques, entre « deux morales ».

Un premier obstacle doit être évité. Une position qui consisterait à faire l'éloge unilatéral de la sacralité du devoir d'hospitalité en dévalorisant tout ce qui paraît y contrevenir, la règle juridique ou le protocole de la prestation par exemple, s'exposerait au risque d'angélisme – dont les ravages sont patents dans bien des analyses politiques contemporaines des mouvements migratoires et des politiques d'accueil. Je dirais même que toute position d'accueil inconditionnel incapable de penser sur un autre versant de soi les conditions politiques, institutionnelles, religieuses, culturelles, etc. ne rendrait guère justice à l'incondition de l'hospitalité. Comme l'ubac et l'adret, les deux se distinguent et ne peuvent cependant se séparer, sauf à tomber ou bien dans l'angélisme que je viens de mentionner ou bien dans un cynisme brutal. Le premier n'a pas de mains, le second un bras armé. Toute obligation morale est soumise à ce double régime, j'essaie de le montrer depuis le début de ce livre. Il lui faut donc trouver un mode d'inscription effective et de pratique concrète de ce *double bind*. La chose est difficile, mais incontournable. Autrement une place serait dégagée pour toutes sortes de pathologies existentielles ou sociales. Le double régime de la morale, et de la morale d'hospitalité en l'occurrence, forme une question ontologique de fond. Sous quelles figures effectives s'articulent tant bien que mal le sublime de l'incondition et le quotidien de l'accueil ?

L'hospitalité présente cet intérêt particulier pour notre réflexion qu'elle noue en tous sens les teintes dont elle présente le nuancier. Pas seulement de l'inconditionnel vers l'effectif, au sens d'une simple recherche de la modalité politique d'un impératif jamais assez catégorique. Dans l'autre sens aussi, car l'hospitalité est toujours traversée par une modalité irréductible de l'étrangeté éthique, elle-même continûment et spectralement réelle. Ce qui nous apparaît ordinairement accessible ou quotidien dans l'expérience de l'accueil, peut soudain revêtir le caractère d'une inaccessibilité foncière, le bien connu vire à l'inquiétante étrangeté, l'hôte attendu au visiteur impromptu, l'ami en ennemi ou au contraire l'adversaire en habitué de ma propre demeure. L'hospitalité dessine un arc complet qui va du plus intime (la maison, la famille, le voisinage) à la politique à son niveau le plus universel, voire à « l'Histoire »[1] en personne, en passant par toute une série de figures anthropologiques intermédiaires, d'ordre culturel ou rituel. De la plus grande des proximités (mes enfants, mes parents, mes proches) au plus lointain des lointains (le migrant, l'inconnu, le premier venu), elle opère à travers des gradations allant de l'un à l'autre de ces points extrêmes, l'accueil domestique « naturel » d'une part et la solidarité encouragée par la culture, la religion ou la politique d'autre part. Plus que d'autres territoires de la morale, l'hospitalité se prête à l'épreuve topologique lévinassienne de la proximité et de la justice, dans la mesure même où elle paraît y résister par les « passages » continus qu'elle ménage entre le face à face et la société de tous les tiers.

Le droit règne sur ce « passage » et règle ses figures en les codifiant. Sa tâche consiste à faire expérience, ou jurisprudence, de ce qui échappe à l'expérience, si je puis dire. L'histoire de l'hospitalité

1. « L'Histoire est le plus souvent un mode d'hospitalité défaillant », ce que confirmeraient selon Salah Stétié les tragédies coloniales qui ont ensanglanté les XIXe et XXe siècles (S. Stétié, « L'hospitalité extrême », *Dédale* 9-10, 1999, p. 640).

n'est pas autre chose qu'une histoire de la conquête par le droit, ses formes, ses normes, de la vertu d'hospitalité supposée relever originairement de la morale individuelle et, plus souterrainement encore, d'une obligation incessible et intrusive. Kant et Levinas auront eu le mérite de penser cette question avec la dernière rigueur, chacun en une de ses strates. Si l'hospitalité contient en elle-même un sacrifice, de soi, de son quant-à-soi et de son chez-soi, « il faut » néanmoins le droit, en deçà de la justice. Le droit fera de cette vertu qui prend sur soi ou de cette prise en otage hors de soi un dispositif de droits et de devoirs qui m'en décharge – sans préjudice pour l'hôte, en principe au moins.

Cette configuration n'est pas sans rappeler, ce qu'*Autrement qu'être* décrit non sans difficulté comme « l'entrée permanente du tiers dans l'intimité du face à face », signifiant déjà une scission de l'hospitalité dont je n'ai jamais l'initiative selon deux régimes distincts : celui de la proximité du face à face où je suis pris en otage par le visage et celui, co-existant en permanence, de tous les autres qui s'invitent dans le duo, sans me demander mon reste mais en me déchargeant du lourd fardeau d'un proche toujours trop proche et cependant jamais assez. Double effraction de l'Autre dans ma subjectivité, structurée pour l'accueillir à mon corps défendant, et des autres dans cette polarité elle-même. À « l'État », ajoute Levinas, c'est-à-dire au droit et à la justice en leur empoignade sans fin autour de ce qui est déconstructible et ce qui ne l'est pas, de « trancher » sans les « dénouer » les inextricables « nœuds » qui se forment à cette occasion[1]. Si j'évoque à l'instant Derrida, à propos du droit déconstructible et de la justice indéconstructible, c'est parce qu'il a repéré l'importance cruciale du motif de l'hospitalité dans l'œuvre en entier de Levinas, soit le motif même de « l'éthique ». Il va jusqu'à lire *Totalité et infini* comme « un immense traité de l'hospitalité »[2]. S'il reprend la topologie lévinassienne, il la brouille en travaillant à rendre indécidable la frontière-abîme qui la traverse.

1. *Autrement qu'être* (1974), réédition Paris, Le Livre de Poche, 1990, p. 249 et p. 264.

2. J. Derrida, *Adieu à Emmanuel Levinas*, Paris, Galilée, 1997, p. 49.

La cartographie de l'éthique et de la proximité, du Deux et du deux + n, de l'accueil outre-soi sans décision ni volonté et de l'hospitalité due aux hôtes, se dresse autour d'un impossible, que Levinas explicite, que Derrida thématise.

Derrida fait bouger les territoires. Il ne s'oppose pas de front à leur dessin. Il en reprend même hyperboliquement le tracé. Mais, en raison d'un indécidable qui vient sans cesse compliquer l'impossible, il y implique patiemment une déradicalisation de l'éthique de Levinas, jusqu'à la soumettre à son tour à des conditions et à sous-estimer parfois l'extrême vigilance de Levinas devant la violence inouïe de l'éthique[1]. Pour Levinas, le Visage commande inconditionnellement et sans possibilité de se dérober à son appel, à son injonction ou à sa violence. Derrida, à partir de cet an-archique pré-originel, conclut qu'« entre une loi inconditionnelle ou un désir absolu d'hospitalité d'une part et, d'autre part, un droit, une politique, une éthique conditionnels, il y distinction, hétérogénéité radicale, mais aussi indissociabilité »[2]. Les deux pensées vont l'une avec l'autre. Mais pourtant, également gouvernées par l'hétérogénéité radicale du Deux, de la proximité hétérogène, de l'indissociabilité séparée, elles ne relèvent pourtant pas du même Deux. Au Deux lévinassien (face à face et multiplicité, Visage et justice) vient ainsi se surajouter le Deux derridien, le Deux de la justice et du droit, de l'indéconstructible et de la déconstruction.

Pour Levinas, l'indéconstructible, c'est le Visage, lequel emporte un « il faut » au-delà de soi : il faut la justice. Ce « il faut » n'est pas ontologiquement nécessaire car il est dans la dépendance ou dans la dérivation d'un archi-originaire indéconstructible, le Visage. Derrida se tient dans une certaine réserve devant la césure lévinassienne de l'éthique et de la politique et s'efforce de rechercher un compromis entre ce double régime et l'inconditionnalité anéconomique du don, du pardon ou encore de l'hospitalité.

1. Par exemple dans la question qu'il pose à ce sujet dans *Adieu à Emmanuel Levinas*, p. 66.

2. J. Derrida et A. Dufourmantelle, *De l'hospitalité*, *op. cit.*, p. 131.

Cette confrontation des deux pensées, cette rhapsodie des différents Deux (la proximité et la justice, la justice et le droit, le droit et l'individu, etc.) montrent à quel point l'hospitalité joue comme un « critère » – « critère de l'humain » dit Levinas [1]. Mais un « critère de l'humain » ne permet guère une prise de décision. L'hospitalité se décline. Elle peut être empêchée par l'angélisme de l'inconditionnel qui croit la forcer. Elle peut être anéantie par le cynisme du droit qui croit la régir. Entre les deux, il faut que la porte « soit à la fois ouverte et fermée » : « il faut que dans l'être séparé la porte sur l'extérieur soit à la fois ouverte et fermée » [2]. Notre condition finie, ce que Levinas appelle « l'être séparé », oblige à prendre sans relâche en compte les modalités concrètes, c'est-à-dire antinomiques et temporelles, du droit. L'hospitalité est difficile comme sont « difficiles les choses qui ne se laissent pas faire et qui, quand la limite du difficile est atteinte, excèdent même l'ordre du possible » [3].

C'est cette même impossibilité que rencontre l'amour, l'expérience la plus hétéronome qu'on puisse concevoir, hors volonté, hors projet. La plus « morale », donc, de quelque façon, si l'on pose avec Nietzsche qu'en tout état de cause « "autonome" et "moral" s'excluent » [4].

1. E. Levinas, *À l'heure des nations*, Paris, Minuit, 1988, p 114.

2. E. Levinas, *Totalité et infini* (1961), Paris, Le Livre de Poche, 1990, p. 159.

3. E. Levinas, *De l'hospitalité*, *op. cit.*, p. 113.

4. *GM* II, 2, où il est question d'un « individu supramoral et autonome ». Morale et autonomie sont deux contraires. La volonté de puissance les emporte ailleurs que sur le terrain où elles se contrarient.

L'AMOUR AIME

Encore une fois, la question est prise dans une topographie, décisive pour comprendre le « difficile » de l'expérience amoureuse. Cette topographie, déjà décrite, indique la contiguïté de territoires qui s'entre-limitent, s'excluent, mais par cela même se touchent, d'où le difficile. Entre l'amour d'une part, et la justice de l'autre, se dresse une frontière, un mur peut-être, se tient en tout cas un *no man's land*. Ce sont les attendus lévinassiens de cette topologie qui la déterminent derechef, à savoir l'hétérogénéité foncière de la proximité éthique et de la justice pour tous, soit du face à face, du deux, d'un côté, et de la sphère politique ou sociétale où se déploie la multiplicité des citoyens d'un autre côté. Je n'ignore pas que les contenus de l'éthique selon Levinas sont en bien des façons opposées à l'amour, en tout cas différents – mais c'est un autre sujet. Ce qui me semble précieux, je l'ai déjà dit, c'est cette topologie de l'asymétrie radicalement extra-politique dont j'ai déjà fait usage dans ce qui précède. Ce qui vaut dans une relation à deux ne saurait régir un ensemble modulé de relations multiples, et inversement, sous peine non seulement d'une confusion mais d'un probable désastre.

Dans une relation à deux – « éthique » selon Levinas, amoureuse dans le propos que je tiens à présent – où s'investissent affects et sensibilité, s'engagent forcément une disproportion, un écart, une sorte de déhiscence nécessaire, si l'on peut dire, que Levinas a thématisé comme asymétrie. L'autre qui me fait face, dans sa singularité extrême, ne saurait évidemment s'interchanger, il est irremplaçable. Il est comme un unique « trou dans le monde ». C'est lui, c'est elle, c'est parce que c'est lui, c'est parce que c'est elle – et personne d'autre ne saurait s'y substituer, ce qui constituerait évidemment un scandale insupportable pour l'un et l'autre. La relation qui ainsi se produit n'est évidemment pas universalisable, pas plus qu'elle ne saurait donner lieu à une réciprocation. Elle est exclusive et excluante. L'amour est une sorte de séparatisme, de dissidence, face au monde commun : « l'amour est toujours une affaire entre deux personnes, il ne connaît que le Je et le Tu, il ignore la rue » [1]. Les amoureux vivent cachés, c'est-à-dire qu'ils se tiennent à l'abri du monde qui pourrait bien signifier leur malheur s'il faisait irruption dans le duo. La « loi » de l'amour, c'est qu'« il n'a jamais jamais connu de loi », comme chante la Carmen de Bizet. On ne saurait exiger qu'il fût « juste », c'est-à-dire égal, symétrique et ne faisant pas acception de la personne ! On ne saurait en faire une revendication politique citoyenne. « L'amour pour tous » n'aurait strictement aucun sens car l'amour ne relève pas d'un droit, il est entièrement soumis aux aléas d'une rencontre, d'un hasard imprévisible, d'un événement bien antérieur à toute justice, à toute égalité, à tout contrat. On ne peut évidemment pas faire de l'amour un devoir ou une règle impérative qui s'imposerait à tous sans condition. Même lorsqu'on prétend pouvoir l'organiser ou l'inscrire dans un programme, comme le font les sites de rencontres par exemple, on ne peut au mieux qu'en aménager les conditions d'émergence ou de possibilité ou en favoriser la naissance, laquelle demeure entièrement imprédictible car soumise à une sorte de subjectivation sauvage et hasardeuse.

La justice, en revanche, ne saurait se limiter à la relation duelle, amoureuse, ou aimante. Elle embrasse tous les hommes, quitte à trop les étreindre. Pourtant, elle ne se laisse pas purement et simplement évacuer de la relation à deux, tant s'en faut. Une faille ou une porosité entre les deux ordres s'avère immédiatement. « Il faut la justice », martèle Levinas. Son « il faut » n'est pas d'ordre prescriptif et il ne désigne pas davantage une nécessité logique ou ontologique. Il la « faut », la justice, parce qu'elle est toujours déjà là comme une requête irrépressible. Cernant et concernant le duo, qui voudrait bien « vivre caché », tous les autres, ceux que Levinas appelle les tiers, crient justice puisqu'ils sont exclus d'une relation

1. F. Rosenzweig, *L'étoile de la rédemption*, *op. cit.*, p. 288.

où je suis pris, où tu es pris(e) et où eux ou elles n'ont ni n'auront jamais aucune part.

Je ne les « aime » pas, je ne peux pas « aimer » tous les autres, ce serait une trahison de l'amour qui m'engage et me tient. Mais ils crient justice, ils crient qu'« il faut » la justice pour eux, et pas seulement l'amour pour moi et pour l'aimé(e). Ils mettent ainsi en question cet amour même qui est le mien. Je ne suis donc jamais quitte de la quête de justice parce que j'aime et/ou suis aimé. Je n'en ai jamais fini avec les autres de l'autre, tous ceux qui l'entourent plus ou moins spectralement. Mais une fois saisi par la justice qui se revendique et, de quelque façon, m'arrache au duo amoureux et me jette dans « la rue », il me faut changer de paradigme, quitter mes repères, retrouver quelque chose comme une règle commune. Car la justice généralise, elle fait s'équivaloir droits et devoirs, exige une réciprocité, engage une égalité, elle compare et compense. Elle n'a heureusement que faire de l'amour. « Je ne t'aime pas, donc je te traite injustement » serait un propos d'une violence inouïe, dans la bouche d'un juge par exemple. Un être-juste qui ne vaudrait qu'avec ceux qu'on aime ne serait pas juste. Être juste doit aussi valoir avec ceux qu'on n'aime pas, et même avec ses adversaires – c'est à cela que se mesure la justice. Alors que *l'amour aime*, un point c'est tout, c'est un événement qui n'a nul besoin de *justification*. La justice, elle, s'organise autour d'un principe de stricte échangeabilité des personnes. N'importe qui doit pouvoir s'y inscrire comme n'importe quel autre sans qu'il puisse jamais être fait acception des singularités, des distinctions, ou encore de ce qui demeure irréductible à la règle. Il s'agit bien au contraire de réduire à ladite règle tout ce qui prétend y faire exception.

L'amour est au contraire cette exception continuée. Il ne se peut qu'en direction ou que comme visée d'un seul ou d'une seule, pas de tous, je l'ai indiqué. L'amour pour tous ne peut s'entendre que de façon limitative ou négative, c'est-à-dire en tant qu'il se présente déjà comme un affect social ou un sentiment rationnel, comme le respect, soit comme amour du prochain ou amour de bienveillance, à usage justiciel, et non plus comme amour « pathologique », soit ce qui se joue dans le duel de la relation de face à face. Et c'est de cet amour délibérément et très logiquement banni par Kant de la sphère morale qu'il est ici question, dans son hétérogénéité à la justice ou à la politique, dans sa « difficulté » propre.

On comprend sans peine que ces deux logiques ou mieux ces deux *langages*, amour et justice, ne sauraient communiquer, c'est-à-dire trouver un espace rendu commun par un partage. La langue du don infini et la langue de l'équivalence réglée ne peuvent s'entendre et entre elles le quiproquo est incessant. N'y voyons surtout pas un mal, mais, sans doute, un problème, une difficulté, une promesse peut-être.

Le mal, en l'occurrence, risque de sortir au contraire de l'*ubris*, du mélange inconsidéré des deux registres, des deux sphères, des deux langues, des deux « morales ». Rien ne serait plus calamiteux que d'imposer l'amour de la loi, qu'il convient de simplement respecter, et pas davantage la légalisation contractuelle de l'amour. Le premier cas aboutit au fanatisme politique généralisé, le second à l'interdiction de l'amour sous prétexte de sa nature « pathologique ». L'un et l'autre sont de fait impraticables, sauf, je le répète, au prix d'une violence intenable.

La réciprocité, l'égalité, une certaine circularité harmonieuse marquent non seulement le registre politique de la justice, où ils sont impérativement requis, mais sans doute aussi l'exercice de la philosophie – ce qui est le signe d'une origine commune, grecque, de la politique et de l'ontologie. La dialectique est la procédure bimillénaire où s'inscrit la production d'un même à partir du déchirement et des passions éployées. Elle effectue le surmontement ultime des contraires, des oppositions, des irréconciliables apparents. Ceci n'est pas seulement vrai de la dialectique spéculative hégélienne qui en est l'apogée mais vaut, par exemple, de la pensée husserlienne de l'intropathie ou encore de la phénoménologie sartrienne de la honte. Objectivé par le regard d'un autre, je puis à mon tour l'objectiver car je le regarde aussi, me regardant. Cette réciprocation dialectique ne peut évidemment valoir en amour, pas plus que n'y règne l'égalité des conditions ou l'équilibre des passions. S'il suffisait d'aimer pour être aimé ou inversement, si la relation amoureuse était strictement symétrique et égale, l'amour ne serait pas l'amour, soit « l'immédiateté d'une obéissance », « l'instant d'un jaillissement »[1], c'est-à-dire une soumission à l'autre et à une perpétuelle exigence de renouvellement, une inquiétude, une instabilité que l'ordre politique a justement pour fonction de conjurer. « Tu es injuste, donc je ne t'aime plus » est une proposition sans efficace, chacun le sait, pour son malheur parfois. Le mariage, en son double statut, civil et religieux, politique et sacramentel, constitue une forme transitionnelle entre un amour appelé (en vain ?) à ses responsabilités et une justice réglée (si possible ?) sur la conjugalité. Mais s'il confère à l'amour une forme de reconnaissance extérieure et permet aux amants de « passer à autre chose », comme disait Roland Barthes, le mariage n'abolit nullement la scission du registre amoureux et du registre politique, il ne fait que l'en-registrer pour s'efforcer de la tempérer.

Au fond, Dieu seul peut complémentariser les deux registres, les utiliser comme deux ingrédients équivalents. Un *midrach* fameux explique que, pour créer le monde, Dieu doit recourir à deux mesures, à deux égides, l'amour et la justice (*rahamim* / *din* ou encore, mais autrement, *hessed* / *tsedek*). S'il ne verse que le brûlant de la compassion et de la tendresse amoureuse dans les coupes délicates de la création du monde, ces coupes vont se fendre. S'il n'y verse que du glacé, à l'instar de Kant selon Nietzsche, elles vont se contracter et se briser à nouveau. Il lui faut donc manipuler et l'amour et la justice. S'il n'utilise que la chaleur du premier, les « crimes seront sans nombre » dans le monde. S'il ne fait usage que de la rigueur de la justice, le monde ne subsistera pas davantage, faute d'amour.

Les philosophies qui engagent une « dialectique » de la justice et de l'amour ou qui y distinguent deux procédures complémentaires de « vérité » se tiennent dans une sorte de mimétique divine. Elles croient pouvoir surmonter l'hétérogénéité des deux sphères, leurs

1. F. Rosenzweig, *L'étoile de la rédemption*, *op. cit.*, p. 251-252.

régimes inconciliables, leurs langues babélisées, leurs temporalités disjointes. Telle est l'*ubris* de la raison, de façon générale. Et là encore le prix à payer peut s'avérer désastreux, en particulier lorsque la politique, bardée de bons sentiments, s'essaie à faire de l'amour le fondement d'une éthique universalisable en droit. Elle vire alors au moralisme de la « pitié dangereuse » en croyant pouvoir régir son domaine propre selon un ordre qui relèverait de fait de la « barbarie sauvage de l'altérité ». Les deux pôles entre lesquels s'installe une tension quasi-électrique ont très bien été décrits par Nietzsche, pour des enjeux très différents. Le premier recouvre une « barbarie » (c'est le même mot que chez Levinas) : « N'aimer qu'un seul est barbarie car c'est au détriment de tous les autres. Fût-ce l'amour de Dieu » [1]. Mais cette barbarie n'est contrebalancée que par l'enfer de « l'amour universel de l'humanité », soit « une situation douloureuse et ridicule, telle que la terre n'en vit jamais de semblable – chacun harcelé, importuné et désiré non par un seul être aimant… mais par des milliers et même par tout le monde du fait d'un instinct incoercible que l'on maudira tout comme l'humanité antérieure a maudit l'égoïsme » et on ne rêvera alors « que du bon vieux temps sans amour » [2].

Au lieu de prendre acte dans une infinie perplexité de cette hétérogénéité barbare ou infernale de l'amour et de l'universalité, la philosophie et les philosophes sont portés, par une sorte d'idiosyncrasie quasi-irrésistible, à unifier, à homogénéiser, à installer dans un tout ce qui se présente dans l'incomplétude d'une simple partie. Ils oublient qu'en philosophie il n'y a pas d'axiomes, mais simplement des principes discursifs. C'est de cette tentation qu'il faut se garder et maintenir coûte que coûte la disjonction, la différence, voire la béance pantelante entre amour et justice – ce qui ne dispense nullement, tout au contraire, de se poser la question du passage,

1. *PDBM* IV, aphorisme 67.

2. *Aurore* II, § 147. Nietzsche joue ici sur les deux sens distingués par Kant, l'amour *pathologique* et l'amour de *bienveillance* qui exclut toute concupiscence – il les brouille à dessein et les reverse selon une distribution infernale où l'égoïsme forcené d'Un Seul le disputerait sans cesse à un harcèlement généralisé de Tous.

de la traversée incertaine de l'espace qui les sépare. Mais qui peut sans risque proposer des procédures pratiques qui nous feraient « passer » de l'un à l'autre? Et comment penser une affinité, une re-liaison qui ne soit ni dialectique ni dérivation, ni déduction ni médiation? Il y a là une énigme et une nécessité, une double impossibilité en quelque sorte. Impossible de mêler les registres, Dieu seul le peut; impossible de ne pas se poser la question du passage, l'homme seul le fait. Une pensée comme celle de Pascal sait s'y tenir en se développant depuis une disproportion entre la loi et la grâce, la règle et le don. Une analyse historique comme celle de la Révolution française par Michelet en maintient l'efficience en déchiffrant l'événement révolutionnaire à partir d'une tension interminable entre l'avènement de la loi et la dispensation religieuse, entre la « Justice » et la « Grâce ». Une philosophie comme celle de Kant en fait son principe en montrant qu'il n'y a peut-être jamais eu de loi morale puisque les penchants, les désirs, les inclinations ne s'accordent jamais avec elle, puisque les sources en sont absolument distinctes.

Si ce principe de séparation demeure, irréfragable, comme le signe de notre finitude, mais si, en même temps, la question de la dé-séparation demeure elle aussi entière et continûment posée, c'est que cette finitude qui est la nôtre ne peut s'entendre, comme le proposait Levinas, que comme in-finie, un infini qui ne serait qu'une prise *dans-le-fini*. Notre finitude ne se pose pas comme le contraire de l'infini, elle en est la texture intime.

PARDONNER PAR AMOUR

Le pardon est probablement le signe incertain et aléatoire de cette situation. On se dit habituellement qu'il se situe plutôt du même côté que l'amour, si aveugle qu'il est prompt à tout pardonner. Le pardon serait alors un élément vital de l'amour car il ouvre à son perpétuel recommencement en tentant l'impossible, comme dit Hannah Arendt, à savoir défaire ce qui a été fait. Mais le « tout » de ce qui serait à pardonner dans le face à face amoureux suggère d'emblée qu'il y aurait là quelque chose d'exorbitant d'un autre point de vue que du point de vue de l'amour et qu'il y faudrait une limite, une mesure. À rebours, il apparaît indispensable, et même requis, de se demander si le pardon peut s'absenter de toute justice dès lors qu'il n'appartiendrait qu'à un seul côté de la topologie, le côté de l'amour. Une justice sans pardon est-elle seulement envisageable ? La prescription des crimes inscrite dans le droit montre bien que non. Ce qui vaut dans et pour le droit, pour autant qu'il serait déconstructible, doit valoir a fortiori dans la justice « indéconstructible ».

Cette question du pardon montre à quel point la topologie amour / justice est féconde. Le pardon appartiendrait-il aux deux contrées séparées par une frontière ? Est-il l'affaire du seul sujet confronté à un autre sujet, ou bien a-t-il à voir avant tout avec la question de la collectivité ? Est-il une vertu essentiellement politique, en tant qu'il ouvre à la possibilité que soit restauré quelque chose de la communauté lésée, lacérée, anéantie ? L'expérience irremplaçable de la Commission sud-africaine *Vérité et Réconciliation* joue ici un rôle exemplaire, autant que sont symptômatiques, en un autre sens, les demandes de pardon qui envahissent depuis des années le champ politique proprement dit. Je distinguerai ici une série de nuances qui permettent une sorte d'étagement du pardon dans son assignation au registre de la justice, mais selon des thématisations et des mises en concepts divergentes (Levinas, Rosenzweig, Arendt), lesquelles ne sont pas sans affecter à leur tour son hypothétique rapport à l'amour.

On peut commencer par considérer en effet que le pardon ne peut pas relever de la sphère de la proximité immédiate avec le visage qui me commande. Pourquoi ? Parce qu'il se tient dans une relationnalité de parole, dans un dialogue, dans la convocation d'une mesure ou d'un balancement. La visée d'un équilibre ou d'un certain rééquilibrage après la « faute » requiert déjà l'intervention d'un ou de plusieurs tiers, même de façon non empirique. En revanche, dès lors que la question du pardon se pose dans une relation à deux, dans une relation amoureuse par exemple, c'en est peut-être fini, il est déjà trop tard, quelque chose appelle à un relais hors du duo, le juge, le médiateur, les confidents, les amis, etc.

Le pardon relèverait-il du coup du seul registre de la justice ? S'inscrit-il uniquement dans un espace pluralisé où la multiplicité des tiers trouve sa place et fait valoir ses droits ? On aurait alors affaire à un paradoxe étonnant, si l'on songe que la tradition philosophique (les Anciens, Spinoza, Kant) a souvent vu dans le pardon un acte porteur d'inégalité et d'injustice menaçantes. Alors que dans l'hypothèse d'un pardon justiciel, ce n'est pas l'expérience subjective de la relation avec l'altérité d'autrui qui viendrait me jeter sur la scène du pardon, mais au contraire une requête de justice.

Mais qu'en est-il alors, de ce point de vue, c'est-à-dire si le pardon s'inscrit avant tout dans la sphère de la multiplicité relationnelle, du *pardon dans l'amour*, de son jeu et de ses drames dont nous savons bien qu'ils existent ? Cette position, qui assigne le pardon au lieu d'une multiplicité et non d'un face à face originaire, pourrait porter à conclure qu'en amour, dès lors qu'il y a quelque chose à pardonner, il est trop tard, comme je viens de le suggérer. On a changé de registre et *on n'est plus deux* d'une certaine façon. On est dans un usage inter-individuel du droit de grâce, particulièrement pervers, voire violent, et dont Levinas a pointé le défaut : « le pardon suppose que le lésé recueille tout le maléfice du tort et, par conséquent, dispose entièrement du droit de grâce »[1] – droit de grâce dont Nietzsche remarquait qu'il est le privilège de la puissance, une magnanimité perverse dont font usage les communautés politiques organisées en effaçant les dettes des débiteurs, selon un très subtil « système de cruauté »[2].

Le pardon, ce pardon-là en tout cas, suppose une souveraineté du sujet qui pardonne et il veut opérer comme si, étant deux, on était en société, comme s'il pouvait y avoir quelque chose comme une société de l'intimité.

S'agissant de cette délicate question du pardon dans l'amour, on pourrait dire la chose suivante : comme le pardon détient une puissante dimension justicielle, s'il s'exerce dans le duo amoureux, alors la terrible comparaison lévinassiennne avec le droit de grâce, avec un exercice pervers du droit de grâce à usage privé, paraît peu contestable. On retrouve dans l'*Étoile de la rédemption* des observations qui vont dans le même sens. Le pardon, explique Rosenzweig, est temporellement trop « jeune », trop attaché à une strate de la volonté qui ne fait que recouvrir le malgré-soi originaire de l'amour, pour pouvoir activer la réversion qu'il voudrait effectuer. Il y aurait donc un antagonisme secret entre l'amour et le pardon, une incompatibilité profonde et en même temps temporellement motrice, ce qu'attestent des affects, des situations, des phénomènes variés et nombreux. C'est l'amour dans son inconditionnalité propre et en

1. E. Levinas, *Entre nous*, Paris, Grasset, 1991, p. 29. Une note de juin 1950 du *Journal de pensée* d'Hannah Arendt (Paris, Seuil, vol. 1, 2002, trad. fr. S. Courtine-Denamy, p. 15 *sq.*) va exactement dans le même sens (et à contresens de ce qu'on lira un peu plus tard dans *Condition de l'homme moderne*) : il y est question du « simulacre » du pardon qui ne serait que l'envers de la vengeance : « le geste de pardon détruit l'égalité et par là le fondement des relations humaines de manière si radicale qu'après un tel acte, plus aucune relation proprement dite ne devrait être possible… Le pardon ou ce qu'on appelle ordinairement ainsi, n'est en vérité qu'un simulacre au cours duquel l'un se comporte en supérieur, tandis que l'autre exige quelque chose que les hommes ne peuvent ni donner ni recevoir. Le simulacre consiste en ce que l'un se charge apparemment du fardeau d'un autre, qui se présente comme déchargé ».

2. *GM* II, 21, 22.

tant qu'il est plus « vieux » que toute souveraineté, toute volonté et toute autonomie qui peut en quelque sorte *contenir* le pardon, alors que le pardon, dès lors qu'il entre sur la scène amoureuse, risque fort de décontenancer l'amour en lui surimposant une règle (hégélienne) dont il n'a que faire : tout serait pardonnable sauf ce crime contre l'esprit que serait le refus de la puissance réconciliatrice du pardon.

La seule figure du pardon que l'amour peut accueillir, c'est sans doute ce que Derrida a appelé « le pardon pur et inconditionnel » [1], lequel pour avoir son sens propre, doit n'avoir aucun « sens », aucune finalité, aucune intelligibilité même, radicalement *grundlos*, sans aucun fondement, comme dit Rosenzweig de l'amour (pas du pardon). Il est donc bel et bien *une folie de l'impossible*, soit de l'événement amoureux comme effectivité précédant toute possibilité, rencontre imprédictible que rien ne laisse présager ou prévoir et qui atteint à la plénitude de toutes les possibilités réalisées une fois qu'elle est réellement advenue.

Mais ce pardon pur et inconditionnel ne s'égale-t-il pas d'emblée à l'amour lui-même, lequel le colore de nuances et l'enrichit de profondeurs qu'on n'apercevrait même pas hors cette tangence des deux ? Ainsi peut-on et même doit-on poser que le pardon ne saurait jamais être élastique, ou à géométrie variable. Il ne peut évidemment pas se reprendre une fois qu'il a été accordé, ou alors il est tout autre chose qu'un pardon puisque celui-ci a pour fonction de rendre réversible ce qui demeure par ailleurs irréversible selon la flèche du temps. Il faut bien que cette fonction de réversibilisation soit elle-même irréversible pour qu'elle puisse faire proprement son office. Autrement, on a affaire à ce que Rousseau appelle, à propos de la promesse non tenue, « une espèce de mensonge rétroactif » [2]. En même temps, et en raison de l'impossibilité absolue que soit pensé ou seulement pensable en toute rigueur un pardon conditionnel, qui s'accorderait un jour et se reprendrait un autre jour, une véritable

1. J. Derrida, *Pardonner : l'impardonnable et l'imprescriptible*, Paris, L'Herne, 2005, p. 75, p. 85.

2. *Émile*, p. 95.

contiguïté du pardon et de l'amour s'atteste, dans la possible coïncidence de leur commune inconditionnalité.

Le pardon se tient dans une sorte d'entre-deux indéterminé qui nous rapproche et nous sépare d'autrui et que l'amour « détruit » selon Arendt[1], ce que Kant avait déjà parfaitement déterminé et analysé dans la *Doctrine de la vertu* en particulier (je renvoie notamment au § 24). « Le pardon implique peut-être d'entrée de jeu, comme par hypothèse, l'entrée en scène du tiers que pourtant il doit ou devrait exclure »[2], écrit Derrida. Comment comprendre cette ambivalence et cet entre-deux ? Ouvrent-ils à la possibilité d'une politique du pardon, porteuse des mêmes ambivalences que la politique de l'hospitalité, là où toute politique de l'amour est vouée sans ambiguïté à la catastrophe ? Le pardon se peut-il comme espace de passage de l'amour à la justice et retour ? Ce serait trop beau, si l'on ose dire. Le pardon habite la situation amoureuse en la portant vers ailleurs qu'elle-même, l'amitié peut-être, la *philia politikè* aristotélicienne. Il se tient dans une affinité réelle avec la justice et peut fortement faire songer au respect kantien. Mais en même temps, il ne permet pas de fonder une politique – et la Commission sud-africaine *Vérité et réconciliation* a fonctionné avec d'autres ingrédients que le seul pardon. Par ailleurs il hante continûment la relation amoureuse, il l'habite et la ruine tout à la fois.

C'est à vrai dire l'amour qui est le maître du pardon. Il en régit la dramaturgie « inconditionnelle », au point de le rendre égal à soi. Il en détermine la temporalité singulière, entre l'oubli qu'exige sans délai l'amour et la remémoration du tort que travaille le pardon. J'ai évoqué l'amitié, le respect, les divers entre-deux de l'amour et de la justice. Peut-être faut-il également convoquer la figure lévinassienne de la fraternité pour engager la compréhension du pardon dans ces entre-deux multiples.

1. H. Arendt, *Condition de l'homme moderne*, Paris, Calmann-Lévy, 1961, p. 308.

2. J. Derrida, *Pardonner : l'impardonnable et l'imprescriptible*, *op. cit.*, p. 43.

La demande de pardon instaure en effet quelque chose comme un partage, un échange fraternel horizontal, là même où la relation à deux régit verticalement une intersubjectivité asymétrique de face à face, « d'homme à homme ». Le pardon vient immédiatement après l'amour sans pour autant détenir la clé de son propre avant, et, du coup, son poids d'équivoque n'est pas négligeable. Voilà pourquoi nous ne pouvions que tourner autour d'un insistant paradoxe : comment faire entrer les autres autres en général, tous ceux qui le réclament, dans la relation unique que j'entretiens avec l'autre unique sous la hauteur de son irremplaçable singularité? Est-ce seulement possible et cela ne risque-t-il pas de se payer d'une façon de *bonne conscience* que décèle parfois Levinas ou encore d'une manière d'*enfer sur terre* selon Nietzsche. Athènes et Jérusalem ici se disputent, pour dire la chose de façon massive et trop convenue. Mais Athènes n'est pas toute dans Athènes ni Jérusalem toute dans Jérusalem. Le pardon tiendrait ici la place de l'instance grecque. *Suggignôskô*, pardonner en grec, signifie à la lettre : reconnaître ensemble, trouver ensemble un accord, s'acheminer vers « l'unisson » dont parle Rosenzweig à propos du choral de la rédemption. L'amour signifierait alors l'instance proprement juive, révélée, plus ancienne que le pardon ou le partage, comme les prophètes sont plus vieux que les philosophes. Le pardon détiendrait une vertu d'extension inter-humaine, de fraternisation horizontale, sociale, là où l'amour déploie une puissance radicalement anti-politique, c'est-à-dire radicalement duelle. Mais le Deux précédera toujours le Un. Le duo vient avant l'unité de la communauté.

LE MAL PENSE

Nombre de malentendus relevant du champ politique, en particulier dans un certain nombre d'analyses contemporaines de la laïcité, du terrorisme, de ce qu'on appelle par convention le vivre-ensemble, procèdent d'une méconnaissance profonde de la topologie qui est à la source des deux morales.

Je pourrais le montrer à l'envie en convoquant bien des exemples. Je voudrais au moins rappeler que lesdits malentendus s'enracinent partiellement dans une lecture hâtive et superficielle de l'œuvre de Levinas et de ce qu'il convient de penser comme « éthique ».

Je le répète. Ce qui vaut dans le face à face, dans le duo de la relation asymétrique et qui soutient en entier « l'éthique », c'est une responsabilité infinie pour le visage qui me prend de toute sa hauteur, responsabilité parfaitement incessible, autant que l'est ma propre mort. C'est à moi et à personne d'autre qu'échoit ce « pour autrui » « malgré moi ». La phrase des *Frères Karamazov*, telle que Levinas la citait si souvent, se termine par « …et *moi* plus que les autres » – et non pas « …et *nous* ». La différence entre les morales du « moi » et celles du « nous » est considérable, décisive, immense. Il y va dans l'énoncé lévinasso-dostoievskien d'une maxime qui relève d'un régime de rapport/non-rapport entièrement réglé par le Deux. Si je me comportais face au Visage comme devant n'importe qui, tel ou tel tiers, un citoyen, un égal, un pair, un alter ego, alors la faillite éthique serait assurée. Je me déchargerais d'avance de toute responsabilité qui m'incomberait, à Moi, face à Toi. L'appel du Visage, je me contenterais alors de le renvoyer à qui de droit, pas Moi en tout cas, mais l'État, la Société, les Institutions, l'ensemble des instances qui sont « là pour ça », pour Nous. Cet appel ne ferait que passer succintement par Moi, sans m'affecter ni me troubler.

Mais à l'inverse, imposer ce régime asymétrique de l'éthique du face à face dans la sphère de la multiplicité sociale des tiers, faite de tous les autres de l'Autre du Visage, reviendrait insupportablement à une « barbarie sauvage » et à la promotion d'une « *politique paranoïaque* », caractérisée selon Merleau-Ponty par des formes hybrides et instables d'ultra-objectivisme et de subjectivisme débridé [1], soit de confusion de deux figures si hétérogènes que leur amalgame relèverait en fin de compte d'une sorte de folie.

Cette folie se présente à l'occasion comme l'exercice logique d'une saine rationalité, laquelle aurait toujours à tisser des continuités, des passages et des médiations de pensée, anxieuse qu'elle est face à toutes les figures de la séparation, du déchirement et de la différence sans relève. Cette angoisse est une angoisse de mort. Elle peut sans s'abolir se grimer en défi et se montrer comme symptôme. Elle signe alors un compagnonnage assumé, voire revendiqué avec la mort, ou en tout cas une vie vécue sous la lumière sombre et exaltante de sa propre mise au défi, une vie déployée au mépris de la vie. Souvent l'analyse de cette angoisse symptômale se déploie sous la bannière de la « banalité du mal ».

Je n'entrerai pas longuement ici dans la rectification nécessaire de ces ententes erronées de la grande, trop grande peut-être, catégorie arendtienne. Cette dernière me paraît, dans le contexte que je viens d'indiquer, d'une tenue difficile, au moins sur un point. La « banalité du mal » ne s'égale pas à ce que Arendt, dans *Eichmann à Jérusalem*, décrit comme une incroyable « incapacité de penser » chez le bourreau jugé par ses victimes : « [Eichmann] disait toujours la même chose, avec les mêmes mots. Plus on l'écoutait, plus on se rendait à l'évidence que son incapacité à parler était étroitement liée à son incapacité à *penser* » [2]. La question magistralement posée par Arendt à l'occasion du procès Eichmann consiste à se demander si la pensée peut servir à combattre le mal, voire à l'éviter. Sa réponse est *oui* – même s'il ne faut pas outrageusement la simplifier en négligeant l'important considérant qui autorise cette voie

1. M. Merleau-Ponty, *Signes*, Paris, Gallimard, 1960, p. 405-406 (je souligne).

2. H. Arendt, « Eichmann à Jérusalem. Rapport sur la banalité du mal », dans *Les origines du totalitarisme. Eichmann à Jérusalem*, Paris, Gallimard, Quarto, 2001, p. 1065.

positive. En effet, selon Arendt, si la pensée est réduite à une simple procédure examinatrice et si elle demeure totalement insoucieuse de ses conséquences propres lorsqu'elle s'« applique » sans précaution à des « objets », si elle est simplement « pensée pensée », comme dit Rosenzweig, alors elle peut bien s'aveugler sur le mal, sa radicalité, sa banalité, son inscrutabilité. Mais il suffirait, selon elle, de l'associer à la faculté de juger, par laquelle l'individu pensant se placerait devant le jugement d'autres individus pensants, pour qu'elle soit en mesure, au moins partiellement, de prévenir le mal et sa propagation. L'absence de « pensée pensante » (Rosenzweig) chez Eichmann et ses semblables caractériserait au moins ce type de pensée déliée de toute aptitude à juger puisque, par le jugement seulement, la pensée se déploie dans le monde phénoménal comme faculté de distinguer le bien et le mal. Mais même restituée à sa complexité relative, comme je viens de le faire sommairement, cette idée selon laquelle une « incapacité de penser » serait congénitalement associée à la banalité d'un mal hyperbolique, me paraît intenable.

Le mal pense – et nous avons du mal à penser que le mal pense. Il en a la capacité exacerbée, il ne veut même rien laisser en-dehors de sa pensée. Il est comme une caricature, l'exagération grotesque de la pensée rationnelle et de la démonstration philosophique. Il n'admettra donc d'existence que si elle est garantie par l'administration préalable d'une preuve, par où l'existant mis en question doit de soi-même fournir une attestation de lui-même, absolument distincte de son évidence. Kant l'affirme avec une clairvoyance humble mais audacieuse : « c'est un scandale pour la philosophie et pour la raison humaine commune qu'on ne puisse admettre qu'à titre de *croyance* l'existence des choses extérieures… et que s'il plaît à quelqu'un de la mettre en doute nous n'ayons point de preuve suffisante à lui opposer » [1].

1. Préface à la seconde édition de la *Critique de la raison pure*, trad. fr. J. Barni, Paris, GF-Flammarion, 1976, p. 53.

On ne peut mieux dire. La politique paranoïaque est une politique en quête de rationalité absolue – laquelle ne saurait admettre ou se « résigner » au double régime de la morale, et à son irréductibilité. La raison est terrorisée à la simple idée qu'il puisse y avoir un hors d'elle-même, une extériorité pantelante. Or, c'est cet effroi qui risque de la mettre hors d'elle-même, et cette terreur qui peut faire accueil au terrorisme. Non seulement les négationnismes hantés par la requête obsessive des preuves, mais aussi les divers complotismes, et toutes les variétés d'étiologisme débridé qui ne peuvent se résoudre au sans-cause d'un « effet », soit à l'effectivité d'un événement pur et simple, ne reposent guère sur une incapacité de penser qui ferait de leurs tenants des « déséquilibrés » ou des imbéciles. Au contraire.

Le mal pense, je le répète, et lorsqu'il pense, il n'admet pas le moindre « scandale de la raison », l'existence effective d'un crime *sans raison*, par exemple, au sens de la raison requise par le causalisme sans terme et le démonstrativisme sans faille[1]. Il pense par-delà le bien et le mal et en-deçà aussi, il pense quand il exige des comptes et des preuves, il pense sans peur de la pensée, sans frémissement ni trouble, il est sans peur, il est sans reproche. Il faudrait même aller jusqu'à dire qu'une pensée qui n'a jamais peur de la pensée s'expose certainement au brasier du crime. Penser impose au penseur crainte et tremblement, frissons et frayeurs, sauf à succomber à un vertige faustien qui est proprement le vertige de la pensée, son vertige possiblement criminel. La scène du cabinet de travail de *Faust* montre que la capacité d'incessante négation (*Verneinung*)[2], si elle est associée au travail de la pensée,

1. La *curiosité* dans *Sein und Zeit* circonscrit cette inauthenticité de la requête de la preuve comme soif de nouveau, soit comme une modalité de fuite, de fuite de soi, de fuite devant soi. Elle est, selon Heidegger, une sorte de pathologie qui veut tenir toutes choses à sa disposition au moyen d'une information sans limites, d'une volonté effrénée de savoir qui ne tolère que ce qui peut être porté à la présence, et donc oublieuse de ce qui s'est toujours déjà retiré.

2. J. W. Goethe, *Faust*, trad. fr. H. Lichtenberger, Paris, Aubier-Montaigne, s.d., p. 44. « Je suis l'Esprit qui toujours nie… Ainsi donc tout ce que vous nommez péché / Destruction, bref le Mal, / Est mon élément propre ».

contient cependant, à l'état indifférencié qui la constitue dans son exercice méphistophélique, la possibilité toujours donnée du mal, de la destruction, du péché. Seul l'idiot dostoïevskien, celui qu'on nomme justement « l'innocent » et qui est tout le contraire des petits « malins », se tiendrait peut-être à l'abri de ce vertige et de cette épouvante parce qu'il ne pense qu'à partir d'une capacité non pas à « nier » mais à se laisser affecter par ce qui lui arrive et par ce que les autres lui font, à acquiescer à cette hétéro-affection.

Plutôt que d'invoquer la « banalité du mal » malignement appelée à la rescousse dans de nombreuses analyses, du terrorisme par exemple, il serait préférable de se régler sur les exemples du jeune Levinas, dès 1934, ou d'Adorno et Horkheimer après-guerre.

Le premier s'est livré à « quelques réflexions » sur « la philosophie de l'hitlérisme »[1], bien avant la catastrophe, les deux autres prenant acte, après-coup, de ce qu'« il y a aussi un esprit anti-humain »[2]. Associer ainsi, sans hésitation, *philosophie* et *hitlérisme*, *esprit* et *inhumanité* montre qu'il est impérieux d'être lucide face à la possibilité d'une *malfaisance criminelle de la pensée*. Toute pensée, si elle s'exerce vraiment, profondément, sans dissimulation ni trucage, ne peut manquer de se soupçonner de cette malfaisance du dedans d'elle-même. Il ne faut pas croire que la destruction des Juifs d'Europe ou des Tutsis ou des Arméniens ou le génocide cambodgien, furent dépourvus de raison ou d'esprit, voire de « philosophie ». Ce serait céder aux prestiges trompeurs des Lumières, lesquelles, sur ce point précis, nous auront aveuglés. Les grands crimes contre l'humanité ne sont pas l'envers sombre des lumières de la raison, les monstres enfantés par son sommeil. La bouche d'ombre articule une rationalité, tout emplie d'échos technomythologiques. Et l'effroi ne les assourdit pas.

1. E. Levinas, *Quelques réflexions sur la philosophie de l'hitlérisme* (1934), Paris, Payot-Rivages, 1997.

2. T. Adorno, *La dialectique de la raison*, trad. fr. E. Kaufholz, Paris, Gallimard, 1974, p. 217. Le sous-titre de l'ouvrage est essentiel, « fragments de philosophie ».

Il faudrait plutôt essayer de disposer fragmentairement des « éléments » – c'est le titre d'un ensemble de réflexions qu'on trouve à la fin de la *Dialectique de la raison*, « Éléments de l'antisémitisme », à quoi s'ajoute, comme pour indiquer la perspective philosophique qui s'en déduit, un sous-titre, « Limites de la Raison ». Ce geste d'Adorno et Horkheimer est très proche, dans ce qui l'anime sinon dans les contenus qu'il mobilise, des « réflexions » lévinassiennes sur « la philosophie de l'hitlérisme » ou « d'Hitler », lesquelles procèdent, comme l'écrit leur auteur rétrospectivement, du constat que « la barbarie sanglante du national-socialisme n'est pas dans une quelconque anomalie contingente du raisonnement humain, ni dans quelque malentendu idéologique accidentel » [1]. De cette malfaisance, de ce « penchant criminel » de la pensée et de la philosophie, nul ne peut s'exempter, d'autant moins que l'expérience la plus vive de la pensée et de la philosophie en instruit hautement, et d'elle-même.

Distinguer les registres, refuser toute confusion des plans, engager une inlassable analytique des différences, ne pas céder sur leur irréductibilité, montrer que ce qui est ici requis, dans le face à face par exemple, ne l'est surtout pas là, en politique, au nom d'une universalisation par simple extension dialectique, soupçonneuse devant les séparations, vouée à demeurer « insatisfaite » et à se répéter « sans relâche » [2] face aux lésions de la vie vivante, si je puis dire ainsi en paraphrasant une expression de Proust.

C'est en effet d'une contamination par la mort que le mal qui pense s'affecte, s'infecte. Il faudrait toujours, devant n'importe quel événement proprement politique, pouvoir saisir quelque chose d'un rapport pervers entre bien-pensance et mal-pensée par où le compagnonnage avec la mort l'installerait dans une dimension tragique, romantique, dont la capacité de séduction est immense. S'en déprendre n'est pas toujours aisé. « Viva la muerte ! » résonne comme l'appel rauque et lugubre de tous les fascismes – terme que

1. « Post-sriptum » de 1990 à *Quelques réflexions sur la philosophie de l'hitlérisme*.

2. T. Adorno, *Dialectique de la raison*, *op. cit.*, p. 180.

je ne réduis pas ici à ses seules significations politologiques. Je vois plutôt dans le choix et l'héroïsation de la mort une clé métapolitique de ce que Benjamin déterminait comme l'essence du fascisme, justement, l'esthétisation de la politique, ou, de nos jours, son esthétisation numérique par le terrorisme islamiste. Non point que la mort n'aille pas avec l'engagement et la résistance à la violence. Mais elle l'habite comme risque mortel, justement, impératif lié au « choix de la vie » [1], péril obligé. Il y a une différence fondamentale entre accepter le sacrifice de soi, la mort donc, dans telle ou telle circonstance et pour que la vie survive, d'une part, et faire de la mort de tous, soi, les autres, le sommet d'une expérience d'existence dont elle dirait en fin de compte l'essence même, de type esthétique, « aimer la mort ».

Du franquisme aux terrorismes, du « vive la mort » à l'injonction d'avoir à « aimer la mort » pour vaincre des adversaires qui préfèrent la vie, c'est un même nihilisme, une même « culture de la pulsion de mort » (Freud), qui se déploie agressivement. *Pereat mundus*… Dussé-je les tuer tous et moi compris, cette « vie » sans moi, leur vie à eux, j'y mettrais fin, je la réduirais à néant ! Ce fascisme-là, celui des escadrons de la mort qui sévirent ici ou là au cours des temps, dans les formes les plus diverses, se tient aux antipodes de toute politique. Cette dernière est foncièrement une trans-action. Elle a affaire avec *quelque chose*, jamais avec un *rien* qu'elle bannit hors du champ de sa « compétence ». À condition d'être démocratique, c'est-à-dire trans-actionnelle, la politique traite de et avec la vie. Tout refus radical de la politique porte le risque du fascisme, c'est-à-dire la tentation d'en finir avec la trans-action passée avec la vie, avec le réel, avec ses déceptions.

1. Cf. *Deutéronome*, 30, 19 : « J'en atteste sur vous, en ce jour, le ciel et la terre : j'ai placé devant toi la vie et la mort, le bonheur et la calamité ; choisis la vie ! Et tu vivras alors, toi et ta postérité » et Abraham Ibn Ezra (1089 – 1164) : « La vie et la mort : c'est ce qui est désigné par la bénédiction et la malédiction. Et voici, entre les deux, tu dois choisir la vie ». C'est cet « optimisme » de la vie que Schopenhauer abomine dans le judaïsme.

La trans-action permet peut-être de déterminer la démocratie, ses contours et sa condition. Le mot fait d'abord signe vers le contrat par quoi des parties opposées mettent fin, juridiquement c'est-à-dire provisoirement, à un litige, à une contestation, à un conflit. Il signifie donc à la fois une action qui traverse des parties opposées, des pôles de conflit, afin de les configurer autrement, de les arranger (*transigere*), de les disposer de telle sorte qu'un arrangement devient possible : une action-trans produit un accord-entre (des termes, des éléments, des positions).

L'essence de la politique démocratique est dans cette trans-action – transaction du rêve et de la réalité, pourrait-on dire, du réel et du possible, de la « science » et de l'art, et surtout du face à face et de la multiplicité sociale – dont on n'a pas cessé de dire l'extrême difficulté parce qu'elle est le paradigme de la trans-action.

Cette *trans-action de la proximité et de la justice*, impérative et improbable, n'est pas la même chose que le compromis ou l'arrangement qui peut être le résultat limité, provisoire, éphémère, d'une transaction. Elle est action qui n'en finira jamais de trans-naviguer à même les opposés, y produisant des scénarios, des jeux, et même ce qu'on pourrait appeler des *objets transactionnels*, c'est-à-dire des formes plus ou moins institutionnelles, une constitution, un pacte, une commission, comme *Vérité et réconciliation* par exemple. La démocratie est à la fois *l'action* de la transaction, sans terme, et *l'objet* transactionnel qu'elle fabrique et que l'action reprendra en re-transigeant le moment venu à partir de nouveaux rapports de forces, de nouveaux conflits, de nouveaux objets transactionnels, donc.

Une observation : à toute transaction préside une « Donnée »[1]. Toute politique est inévitablement prévenue par une sorte de nature, une donnée irréductible, une pré-donnée même, « l'éthique, dit Levinas, de « l'avant-pensée », du pré-philosophique, de la rencontre avec de l'anhumain, du « sauvage », une « Nature », donc.

1. Telle est la définition valéryenne de la Nature, « l'éternelle Donnée de toute transaction », dans *Tel quel*, Paris, Gallimard, 1941, p. 188.

C'est dans la relation trans-actionnelle avec la « Donnée » que se joue la question de la violence, ce qui renvoie à l'ensemble de ce qui précède sur l'hétérogénéité de deux ordres irréductibles et ayant cependant toujours à transiger.

DE LA VIOLENCE

La violence est refus du trans-actionnel. Prenons les choses d'un peu plus loin pour commencer. La philosophie entretient un rapport immémorial à la violence. Elle en a interrogé les attendus dès sa constitution socratique, et sans doute bien plus tôt encore. On pourrait aller jusqu'à considérer que le secret du philosophe, disproportionné à ses forces, serait de vouloir, par des voies souvent tortueuses, un monde sans violence. C'est d'ailleurs ce que soupçonne avec distance et ironie le sens commun. « Ah, vous êtes philosophe ! » signifie en sourdine : vous vivez dans un monde bien à vous, sur les nuées, alors que le monde, « le vrai », celui que probablement vous ignorez superbement, est plein de larmes et de sang. Ce sous-entendu persistant porte une sorte d'évidence qu'il n'est pas inutile de garder en vue.

Mais il faut commencer par la complexifier. En remarquant tout d'abord qu'il y a des philosophies de la violence et aussi des philosophies violentes. Elles peuvent relever de grandes ontologies qui, pour penser et comprendre la violence, c'est-à-dire en déterminer le Sens, lui assignent une place et une fonction dans l'Histoire et en découvrent ainsi les raisons, voire la légitimité. Il peut encore y avoir une violence propre à la philosophie, la « violence du Concept », lequel griffe et saisit le multiple, le divers, le chaotique de ce qui lui est extérieur, en le réduisant à son homogénéité, à son unité, c'est-à-dire à en avoir raison. « Avoir raison de » signifie remarquablement faire légitimement violence – à un cheval qui se cabre ou à un réel qui résiste, afin de s'en rendre maître par la domestication ou la production d'un sens, ce qui revient à peu près au même.

Le mot de « violence » engage celui qui s'efforce de le définir, qu'il soit ou non philosophe, dans des directions très différentes et des significations extrêmement contrastées, de la violence qualifiée de « symbolique » aux plus barbares exterminations de masse.

On pourrait commencer par provisoirement distinguer entre une « bonne » et une « mauvaise violence ». La première désignerait une combativité, une agressivité vitale, l'esprit de compétition qui caractérise les actions humaines qu'elles permettraient même de construire et de développer ; la seconde, au contraire, porterait en soi ce qui menace toujours les constructions humaines, individuelles ou sociales, le danger d'une destruction sans retour, d'un anéantissement. La « bonne » violence serait alors une fonction partagée avec tous les vivants, entièrement mobilisée pour le service phylogénétique de l'espèce et de sa survie, via l'individualisation ontogénétique de *zôè*. J'attaque et fais donc usage de violence lorsque mes intérêts vitaux sont menacés, je les défends, je me défends et cette défense est légitime. Cette « bonne » et « juste » violence ne serait qu'une actualisation de ma puissance d'agir et de vivre. Elle serait la vie même en tant qu'elle est toujours prise dans le conflit et la persévérance dans soi. L'autre violence, la « mauvaise », la violence sauvage, excessive, déchaînée, serait au contraire l'alliée létale de la destruction de l'homme, condamnable par conséquent puisqu'elle nomme le mal ou bien la déraison.

Cette distinction analytique entre « bonne » et « mauvaise » violence, utile pour décrire ou classer quantité de phénomènes, trouve vite ses limites. En effet, tout le problème, dès lors que se présentent des cas précis et concrets, est d'opérer pratiquement le tri entre des violences singulières. Toute « mauvaise » violence se présentera et se représentera comme « bonne », c'est-à-dire explicable, compréhensible, justifiable, sous une variété indéfinie de motifs et de raisons. Toute violence est *ubris* c'est-à-dire hybride. Elle pose la question de sa nécessité ou de sa pseudo-nécessité censée prévenir d'autres violences, plus considérables qu'elle-même. Toutes les violences, individuelles ou historiques, sans exception, doivent indiquer leurs finalités afin de se légitimer. Le premier nœud de complication du problème se situe là, dans le discours, le plus souvent muet, qui accompagne l'exercice de la violence : si j'ai eu recours à la violence, c'est que j'ai riposté à une violence, n'intervenant violemment que pour rétablir un équilibre rompu. Ainsi, lorsqu'elles en viennent à s'auto-justifier, toutes les violences se règlent sur le même modèle explicatif et argumentatif. Elles ne se seraient produites que dans le but de se supprimer comme telles. En règle générale, le violent parle *après-coup* de sa violence. Il parle sa violence pour lui trouver mille raisons et l'annuler tendanciellement. Voilà pourquoi, comme chacun sait et dit, la violence ne peut qu'engendrer la violence. Le dilemme moral se déploiera autour de ce nœud très problématique. Il faut que nous nous mettions en situation de juger telle ou telle violence mais le consensus sur les modalités et les critères de ce jugement est quasiment introuvable. S'interroger sur l'essence ou la nature de la violence amène inévitablement à nous questionner sur ce que nous sommes en tant que sujets moraux, je n'ai pas cessé de le montrer dans ce livre.

Pour l'instant, j'ai simplement relevé l'inextricabilité des deux faces de la violence, la bonne et la mauvaise, en tout cas l'extrême difficulté qu'il y a à les distinguer de façon rigoureuse, et l'ambivalence profonde qui s'ensuit, le caractère paradoxalement insaisissable de la violence puisqu'elle se présente à nous comme une constante inscrutable. Elle a toujours existé et elle existera toujours, dit-on, elle signifie la permanence du désordre, de la brutalité, de l'oppression, dans l'histoire des hommes aussi bien que dans leurs comportements individuels. Si son inéradicabilité incline à un pessimisme anthropologique qui paraît parfois indépassable, il faut aussi observer que la question de la violence, dès lors qu'elle est posée pour elle-même et envisagée dans ses effets durables, oriente également vers la maxime selon laquelle l'expression d'une vitalité ne saurait se justifier inconditionnellement.

Une limite doit donc être trouvée, au sens que proclament les mouvements qui s'indignent dès lors qu'une frontière est franchie, justement : *yesh gvoul* (il y a une limite !), comme s'intitule un courant pacifiste israélien, *basta*, ça suffit, ça n'ira pas plus loin. Sans cela, sans l'invention d'une limite, le débordement de la vitalité et de la spontanéité des forces risquerait de menacer la vie elle-même et, la transgressant jusqu'à l'extrémité d'un « *viva la muerte* », de la mettre en péril. Mais rien n'est moins assuré que cette limite à trouver, à circonscrire. En effet, comment comprendre cette violence qui, enracinée dans le vivant, porte un danger de mort ? Et du coup tout partage rigoureux de l'humain et de l'inhumain, de la volonté de vivre et du désir de meurtre, s'en trouve troublé dans sa possibilité et son efficacité. C'est là l'un des motifs profonds pour lesquels la violence ne peut jamais se supprimer elle-même, contrairement à ce qu'elle prétend lorsqu'elle entreprend de démontrer qu'elle est ou fut légitime. La difficulté où nous nous trouvons de parvenir à une *définition* à peu près stable de la violence n'est nullement d'ordre logique. Elle est l'indice de la fragilité, de la finitude si l'on veut, du sujet humain, fragilité qui renverrait par ailleurs à la question du mal et de l'improbable progrès moral de l'humanité. Il est requis ici d'approcher la difficulté d'un point de vue pragmatique. On peut très bien *à la fois* considérer spéculativement que la violence des hommes est radicale, au sens kantien, qu'elle est insondable et sans fond *et* tout faire pratiquement pour lutter contre elle, l'éliminer ou au moins en limiter partiellement l'étendue. Affaire de trans-action là encore, affaire de politique, difficile et nécessaire. L'aide apportée aux victimes de la violence interhumaine, des guerres par exemple, sans laquelle nous ne nous sentirions pas dignes constitue l'interface pragmatique du théorique et du pratique.

Qu'est-ce que l'inscrutable de la violence ? Qui est ce sujet fragile et moralement incertain qui peut à tout instant en être ou bien la victime ou bien l'auteur ? Qu'est-ce qu'une victime, dans ces conditions aléatoires ?

FIGURES DE LA FAIBLESSE

Je commencerai par tenter de cerner ce qu'on pourrait génériquement appeler des *figures de la faiblesse* (Abel, Isaac, Iphigénie). Ces figures sont à la fois proches et différentes de celle de la victime en tant que victime d'une violence déjà advenue dont la considération obligerait à prendre en compte les conditions, sociales, psychologiques, historiques, qui ont engendré l'acte violent lui-même. Or la situation de la victime, sans rien dire de celle de son agresseur violent, ne se laisse guère rapporter à cet ensemble de circonstances plus ou moins déterminantes, même si on y décèle des facteurs favorisants. Si elle s'y réduisait en entier, nous pourrions quasiment prévoir le déclenchement de l'acte violent, prédéterminer ses conditions de possibilité et d'apparition et, comme dans un film célèbre, *Minority Report*, circonscrire par avance, « précognitivement », ses agents. Ceci signifierait que j'excepterais globalement tel ou tel « profil » du processus violent, à commencer par moi qui prédétermine, classe, prévoit, depuis l'expertise dont je me revendique. Or nul ne saurait s'excepter de la charge de la violence, nul n'y est préconditionné et personne n'y échappe.

On peut sans doute estimer que certaines situations (urbaines par exemple), certaines configurations (socio-économiques), certaines frustrations sont porteuses de violence. Mais il faut toujours être attentif aux marges d'erreur considérables qui les accompagnent, si remarquables qu'elles ne sont plus guère marginales. Ces explications causalistes, cet étiologisme, reposent sur une tautologie résignée selon laquelle toute violence imposée produira inévitablement une violence réactive, postulat qui apparaît très vite dans sa pauvreté « explicative », justement. Il faut tenter de tenir ensemble deux éléments disparates, voire hétérogènes : 1) toutes les violences ne sont pas également légitimes ; 2) toute violence est violente. La violence d'une révolte issue d'une fureur de dignité, d'un « ça suffit », n'est évidemment pas de même nature, de même degré, ni rapportable à un même contexte que celle des calculateurs et des prévisionnistes qui, dans la poursuite de fins rationnelles (le marché, la révolution, le développement, la logique, l'intérêt supérieur), intègrent la violence comme une nécessité processuelle dépassable, un bien dans le mal, un mal en vue du bien.

En même temps, comment négliger les effets implacables d'un constat radical : toute violence utilisée contre la violence et pour y mettre fin se structure comme « bonne intention ». L'enfer en est pavé et ladite violence se reconduira d'elle-même, sans terme et sans interruption. On songera ici au dernier mot de Levinas dans *Autrement qu'être* : « Pour le peu d'humanité qui orne la terre [...] dans la juste guerre menée à la guerre, trembler – encore frissonner – à tout instant, à cause de cette justice même. Il faut cette faiblesse. Il fallait ce relâchement sans lâcheté de la virilité pour le peu de cruauté que nos mains répudièrent » [1]. La justice et le frisson : ne pas refuser d'entendre ce qui se crie dans une violence juste ; ne pas se rendre sans trembler à la violence de cette violence, fût-elle légitime. La disproportion que signale Levinas entre « le peu d'humanité », c'est-à-dire la masse de violences de tous ordres qui « orne la terre », et le « peu de cruauté » que nous parvenons à enrayer dans la finitude de nos existences, commande de questionner bien au-delà du mauvais infini selon lequel une violence subie entraîne une violence plus ou moins justifiée, laquelle n'ira pas sans violence en retour, etc.

Sous un mode qui n'est ni celui des sciences humaines ni celui de la philosophie, les grands récits qui fondent l'histoire occidentale depuis la tradition biblico-hébraïque ou la tragédie grecque offrent exemplairement des narrations fondamentales de la violence, de ses origines et de ses conséquences.

Le premier meurtrier de l'histoire de l'humanité, pour dire la chose emphatiquement, est Caïn. Le texte biblique le présente comme un honnête cultivateur soucieux de faire offrande à Dieu

1. *Autrement qu'être*, p. 283.

des produits de son travail. Caïn a un frère cadet, craintif et pudique, pur et généreux, Abel. Tous deux sont les premiers enfants du monde, issus d'Adam et Ève. Or il va se faire, sans même qu'on en sache la raison, que Dieu agréera l'offrande d'Abel et pas celle de Caïn. Caïn assassinera Abel par dépit et frustration. Cet assassinat paradigmatique détient une première signification fondamentale : tout meurtre est un fratricide, une violence faite à une humanité de frères. Il indique par ailleurs que nous descendons tous du tueur et non du tué, de Caïn et non d'Abel, lequel montrait la voie d'une humanité radicalement non-violente et inauguralement fermée par son élimination physique. Après le meurtre qu'il a commis, Caïn est chassé « à l'est d'Éden », voué à errer et à n'avoir en partage que des sols infertiles, à la merci du premier venu. Mais Dieu le protège d'un « signe » destiné à intimider ceux qui seraient tentés de le tuer à leur tour, de se faire les meurtriers du meurtrier. Tout se passe comme si la survie de l'humanité elle-même (dans le texte biblique, Caïn ne tarde pas à prendre femme et à avoir un fils) ne se pouvait que sous la condition d'une interruption de la violence du meurtre. Et cette interruption elle-même ne se peut que de façon non meurtrière, par une protection et une dissuasion divines qui sauvera l'assassin et le destinera à une très longue descendance.

Une violence fondatrice, enracinée dans le désir, l'envie et le sentiment d'injustice, est à l'origine de l'histoire des hommes. Caïn est l'enfant non-aimé, l'aîné auquel est préféré le cadet. Son désir de meurtre, voire l'accomplissement même du meurtre peuvent se « comprendre », de même que son irresponsabilité, son refus d'avoir à répondre de son acte : « suis-je le gardien de mon frère ? ». Nous les entendons et les partageons jusqu'à un certain point, comme nous entendons la violence réactive en général, parce que nous sommes tous des Caïn en puissance qui nous rêvons en Abel. Le geste caïnique, la violence fratricide, risque évidemment de se répéter de façon abyssale – et *il se répète* effectivement sous mille formes et mille modalités. Dieu en tout cas entend enrayer la funeste répétition et il le fait par un « signe » sous lequel s'abritera l'assassin. Les hommes, les fils de Caïn, peuvent imiter ou reproduire pour eux-mêmes l'interruption divine. Tueurs nés et non victimes désignées, ils sont toutefois portés par la nostalgie d'Abel, toujours à même d'interrompre l'enchaînement meurtrier de la violence. La victime, dès le début, c'est ce jeune frère sacrifié, sans puissance de réplique face à son meurtrier, apparemment réduit à rien, à une buée ou à un souffle (*hevel*) vite effacé de la surface de la terre.

Dans l'histoire du « sacrifice » d'Isaac – de ce que la tradition juive appelle plus justement sa « ligature » – la victime, là encore, est un enfant, un être absolument abandonné à notre pouvoir de vie et de mort sur lui. L'innocence d'Isaac est attestée par les questions qu'il pose à son père durant les trois jours que dure l'ascension du mont Moriah. Abraham ne peut y opposer qu'un effrayant silence car il lui faut soutenir une sorte d'auto-contradiction de Dieu, ce Dieu qui protège Caïn et semble exiger la mort de cet enfant que son père aime plus que lui-même. Mais le « sacrifice » est sacrifié, contrairement à celui d'Abel. Il ne s'accomplit pas, comme si nous était racontée dans ce récit la cruelle endurance et l'épreuve subie devant l'absurdité de la violence et de la mise à mort dont Abraham ne peut s'estimer quitte. Il ne dit rien en effet, et surtout pas « suis-je le gardien de mon fils ? ». La mort exigée est *son problème*.

Dans *Iphigénie en Tauride* non plus, le sacrifice d'Iphigénie n'est pas accompli. Le grand prêtre demande sa mise à mort pour apaiser les dieux et permettre à la flotte grecque de bénéficier de vents favorables pour filer vers Troie. Iphigénie incarne elle aussi une figure exemplaire de la faiblesse exposée. Pure, chaste, elle est encore presque une enfant, terrifiée lorsqu'elle apprend qu'elle doit être immolée, puis résignée. Une biche lui est substituée à l'instant fatal, comme le bélier dans le récit biblique. La tragédie d'Euripide relate elle aussi la vocation sacrificielle des innocents. Elle montre l'urgence d'une interruption de l'atroce sans jamais effacer la terrible violence dans quoi sont prises les existences humaines. La loi du sang et du tribut de sang fonde la prise de l'humain de l'homme dans une inhumanité radicale, mais seulement dans la mesure où cette fondation doit se refonder dans un arrêt et cette prise dans une déprise. La communauté narrative des trois histoires, structurée par la faiblesse d'une exposition sans défense, ne va pas sans une différence fondamentale de registre. Devant l'exigence du sacrifice, devant la mort injuste, la question soulevée n'est pas exactement la même. Abraham est confronté à l'irréductibilité d'un commandement à ses déterminants humains, et donc à l'apparente absurdité et à l'évidente immoralité d'une décision, d'un faire qui requiert une obéissance inconditionnelle. Le meurtre perpétré par Caïn ouvre l'interrogation sur la responsabilité du frère pour le frère. Dans les deux cas, et en dépit de bien des différences, la perspective esquissée conduit dans une direction qu'on pourrait appeler, en termes strictement contemporains, *éthique*.

Le dilemme pour le père d'Iphigénie, Agamemnon, c'est qu'il lui faut choisir entre le bien de la cité et la vie de sa fille, entre raison d'État et amour filial – choix très cornélien. Face à l'injustice de la violence à commettre, la perspective ouverte est d'ordre *politique*. On pourra remarquer que pour nous aujourd'hui, lorsque nous essayons de penser même minimalement la question de la violence et des moyens de l'endiguer, les deux dimensions, lesquelles gouvernent les deux « morales » dont je parle, sont à la fois distinctes et inextricablement mêlées.

La dernière figure que je voudrais évoquer est celle d'Antigone. Elle confirme l'orientation politique de la méditation de la violence ouverte par les Grecs. La célèbre pièce de Sophocle raconte l'histoire d'une jeune vierge héroïque dont le frère a été tué dans la guerre contre Thèbes. Créon, le roi de Thèbes, interdit d'ensevelir sa dépouille au nom de la loi de la cité. Antigone donne pourtant une sépulture à son frère. Elle enfreint la loi de la cité au nom d'une loi « non-écrite », une loi humaine supérieure à celle des hommes en quelque sorte. Condamnée à mort, elle se pend avant l'exécution de la sentence. La violence, ici, est celle de l'État qui n'admet aucune contestation depuis une autorité qui lui serait extérieure, et même plus élevée ou plus digne que lui. La victime est une toute jeune fille (Sophocle précise qu'elle n'a pas encore connu l'amour de son fiancé Hémon), l'innocence à nouveau. Mais l'innocence, cette fois, se rebelle contre l'inhumain de la loi des hommes. À la différence d'Abel, d'Isaac ou d'Iphigénie, Antigone est une figure du refus autant que de la faiblesse. Elle oppose à la violence froide de l'État une violence chaude, si l'on peut dire, celle de la résistance à l'illégitimité du légal. Elle n'en demeure pas moins une victime sacrificielle, elle pleure avant de se donner la mort, elle savait qu'en enterrant son frère elle renonçait à sa propre vie. Quatre figures, quatre histoires de mort et d'obéissance (Abraham face à Dieu) ou de désobéissance (Antigone face à la Cité), quatre sacrifices accomplis ou inaccomplis et réglés par la double perspective de l'éthique et de la politique, de Jérusalem et d'Athènes comme on dit.

MODÈLES CRITIQUES

Ces quatre figures sont-elles des « boucs émissaires » au sens élaboré par René Girard[1], des victimes de substitution ? Selon la grande hypothèse construite par Girard, la mise à mort d'un bouc émissaire (Abel, Isaac, Iphigénie, Antigone, tant d'autres) serait pour une communauté en crise le seul moyen et la seule façon de retrouver la paix, à condition d'être suivie par la divinisation de la victime expiatoire. Le sacrifice répéterait de manière ritualisée la violence originaire des commencements de l'humanité, tout en la conjurant cependant puisqu'il la dirige sur un membre arbitraire de la communauté, en une sorte d'auto-vendetta. Dans *Totem et tabou*, Freud, critiqué par Girard, eut l'intuition de la dimension profondément fondative du meurtre du père par la horde. La victime sacrificielle sert d'intermédiaire, de médium et de moyen à la fois, à la communication avec un plus élevé que soi. Ainsi les religions en résulteraient toutes, ou plus exactement ce que Girard appelle le sacré, lequel vient donc endiguer la violence à partir d'une violence sacrificielle première. Le sacré fonctionne comme un système. Il donne lieu à des mythes, à des rites et à des codes d'interdictions et d'obligations. Le mythe consiste à interpréter l'événement fondateur du sacrifice en transfigurant le sacrifié en un être surnaturel et « mythique ». Le rite consiste à mimer la violence d'avant le sacrifice et son interruption par la mise à mort du bouc émissaire. Les interdits et les obligations ont pour but de préserver cette interruption elle-même, c'est-à-dire de faire en sorte que la violence meurtrière d'avant le sacrifice ne puisse jamais faire retour. Le modèle explicatif girardien peut aider à comprendre au moins une chose, au moins en partie : à savoir que les sacrifices que nous racontent et rapportent les récits anciens ont une dimension

1. *Cf.* R. Girard, *La violence et le sacré* (1972), *Des choses cachées depuis la fondation du monde* (1978) et *Le bouc émissaire* (1982).

d'inauguration universelle qui nous les rend immédiatement sensibles. Les quatre exemples (il faudrait encore y ajouter l'histoire de Noé et du Déluge) dont je suis parti signifient, à des degrés inégaux et divers, des commencements ou des recommencements de l'histoire de l'humanité, des « crises sacrificielles » dont la fonction majeure est de ré-inaugurer ou de ré-initialiser, de rejouer le commencement.

L'origine du religieux ou du sacré, c'est l'extériorisation de la violence ou, à tout le moins, une interrogation inquiète des hommes sur leur violence propre et la tentative d'en réguler les manifestations depuis la première violence et le premier sacrifice.

Aux notions clés de sacrifice et de bouc émissaire, Girard ajoute celle de mimésis. Très hégélien sur ce point, il explique que le rapport interhumain et le désir qui le constitue sont d'ordre mimétique. Cette relation va donc moins d'un sujet à un objet que d'un sujet à un objet déjà possédé par un autre sujet. Lorsque je m'approprie l'objet que je désire, j'en suis inévitablement déproprié. Cette désappropriation est une déception. Car ce que je désirais, c'était de m'approprier imaginairement l'identité de celui qui détenait l'objet désiré, mon rival. Ce mimétisme, qui peut prendre toutes sortes de formes et connaître bien des avatars, serait dans le monde humain la matrice de toute violence et, en même temps, de toute limitation de la violence. Le désir mimétique de l'autre engendre le désir du même ou des mêmes objets et ouvre ainsi à un mode de violence et de vengeance sans fin. On n'en sortirait, à suivre Girard, que par le détournement sur un bouc émissaire, par où s'institueraient le sacré et le social. La notion de mimesis donne donc à penser la violence d'un sujet comme d'emblée prise dans une relation à l'autre sujet. Elle permettrait en outre d'envisager dans cette relation à l'autre la possibilité qu'elle réussisse, c'est-à-dire l'éventualité, voire la probabilité d'une victoire sur la mimésis.

Là se fait jour une vraie différence avec Freud. Je me contenterais de relever un seul point afin d'éviter de trop longues digressions et de demeurer centré sur la question de la violence. Ce point, très particulier dans l'économie d'ensemble de la théorie psychanalytique et controversé parmi les freudiens eux-mêmes, c'est la « pulsion de mort », Thanatos, opposée à Éros, la « pulsion de vie ». J'évoquais plus haut la tendance « psychologisante » à penser les mécanismes de la violence selon une stricte dynamique des conflits intra-individuels : riposte à une situation insupportable, conséquence d'une frustration, légitime défense, violence réactive. À bien comprendre cette perspective, la violence du sujet s'analyserait depuis l'incapacité où il se trouverait d'intégrer à même lui-même le « malsain », la « mauvaise » violence, au « sain », de convertir la violence naturelle en la canalisant dans une loi et un comportement, voire de distinguer entre elles. L'intérêt de la lecture freudienne tient dans sa radicalité. Pour Freud, en tout cas pour le Freud de la pulsion de mort « au-delà du principe de plaisir », la violence comme pulsion de destruction est bien antérieure aux conflits. C'est la raison pour laquelle elle a partie liée avec l'angoisse, l'une et l'autre, la violence et l'angoisse, constituant les supports mêmes de la pulsion de mort. Cette dernière représenterait une tendance fondamentale et originaire de tout être vivant, des organismes cellulaires à l'homme, à s'auto-désintégrer, à retourner à l'inorganique. La libido aurait pour fonction de contrecarrer cette pulsion de destruction et de la réorienter vers les objets du monde, de la convertir en agressivité élémentaire mise au service de la fonction sexuelle, mais aussi bien d'un ensemble de combinaisons libidinales qui expliquent le développement de l'individu et peuvent aller jusqu'à des extrémités civilisationnelles majeures, des « cultures de la pulsion de mort », comme dit Freud. On aurait donc affaire à une sorte de duel primordial entre Éros et Thanatos enté sur une angoisse très archaïque, la terreur d'être désintégré que le meurtre tenterait sans cesse de prévenir. Le jeu duel des pulsions donnerait ainsi lieu à des configurations plus ou moins satisfaisantes pour le sujet, lesquelles passeraient en tout état de cause par la destruction, de soi ou de l'objet extérieur. Et ceci dès le commencement, dès le néolithique ou bien dès sa propre naissance individuelle (c'est à partir de là que Mélanie Klein expliquait les morsures infligées par le nourrisson à sa mère).

Dans le schéma freudien ici grossièrement esquissé, la violence est antérieure à toute rivalité mimétique et à toute présence d'un autre, perçu comme simple objet à détruire ou à investir. Thanatos est dans le sujet avant le sujet. On retrouve avec la pulsion de mort la position d'une hypothèse sur la violence qui en ferait l'envers opaque de toute pensée, par où s'expliquerait l'impossibilité de la définir et d'en saisir véritablement les causes et les sources.

Les Grecs considéraient que la frontière, le passage entre *bios* et *zoè*, entre la vie humaine et la vie animale ou végétale, s'instituait depuis le *logos*, la parole ou la pensée, depuis ce lieu unique où la violence, *bia*, se suspend dans une interrogation portant sur ses finalités et sa destination. À cet « optimisme » anthropologique et gnoséologique s'oppose ce qu'on a parfois appelé le « pessimisme » culturel de Freud. Selon lui, toutes les solutions « raisonnables » apportées au problème de la violence, celle du meurtre ou celle de la guerre, risquent d'être naïves et vouées du coup à l'échec. Tout *logos* proféré par « l'animal de parole » et de « cité » sur la violence se répétera indéfiniment aussi longtemps que se répétera la pulsion elle-même – dont c'est le propre de se répéter toujours.

Freud n'ignore pas que les hommes ont aussi une histoire et il tente d'en articuler la genèse à cet invariant pulsionnel structural. Il en explique en effet la permanence, lui aussi à partir de la religion, comme l'invention de mécanismes proprement répressifs destinés à limiter la pleine expansion sans frein des pulsions, aussi bien de Thanatos que d'Éros – comme la morale selon Kant. Si Thanatos n'est pas réprimé, la destruction se généralise jusqu'à l'extinction tendancielle de l'espèce humaine elle-même : d'où le commandement « tu ne tueras point » de la tradition biblico-hébraïque. Si Éros n'est pas limité, le chaos des flux pulsionnels menace le lien social et la mémoire des hommes car alors, au gré des vagues désirantes, n'importe qui, le premier « objet » venu, fera l'objet de viol(ence) : d'où l'interdit de l'inceste (« tu ne découvriras point la nudité de ton père » comme on peut lire dans l'épisode des enfants de Noé) ou de l'infanticide (Isaac). Là où régnait le *ça* des pulsions, mises à mort et appropriations sexuelles d'objets indéfiniment répétées, advient la reconnaissance du *je* des personnes. Cette advention, le *Werden* de Freud, ne signifie évidemment pas que le débridement des pulsions puisse être arrêté ou définitivement stabilisé. La permanence du religieux témoigne de l'illusion de cette abolition. La violence, dans ce modèle d'intelligibilité, noue interminablement le conflit du Moi et de la Culture ou de l'Histoire, soit ce qui, à travers obligations et interdits, permet aux hommes de vivre ensemble en dépit de leurs matériaux pulsionnels. Dans ce conflit, le Moi, contraint par la régulation civilisationnelle des pulsions, aura recours à toutes sortes de ruses que Freud appelle des « mécanismes de défense ». Il en analyse plusieurs. J'en rappelle trois, dans la mesure où ils s'inscrivent dans le propos de ce livre.

La *négation* tout d'abord : la violence ne serait que l'envers de l'amour. Le discours de la négation est très proche du discours de la légitimation *a posteriori.* Le violent ne serait qu'un aimant qui s'ignore, la violence signifierait par la négative un amour qui ne se saurait pas lui-même. La négation psychologique, comme la légitimation sociologique, embrouille tout. Elle efface les considérables et peut-être insolubles difficultés emportées par les problèmes de la violence. Comment penser le pardon ou la réconciliation, dans leur profondeur énigmatique, si l'amour et la violence ne sont que les deux faces d'une même pièce ? Que peut bien vouloir dire réparer si l'on tient qu'au sein même de toute réparation il demeurera de l'absolument irréparable ? Que faire avec la haine de la victime pour celle ou celui qui lui a infligé une violence dont elle exige justement réparation ? Qu'entendre dans la dévastation sans remède produite inexorablement par toute violence ? Tenter d'approcher ces questions requiert au moins de regarder en face, sans négation ni déni, la violence, c'est-à-dire la mort.

Second « mécanisme de défense du Moi », du Moi violent, la *projection* : ne pouvant reconnaître comme mienne une violence refoulée, angoissé à la seule idée que cette violence puisse à nouveau s'actualiser, je la projetterais vers l'extérieur pour l'expulser hors de moi. Fantasmatiquement, je préfère m'éprouver moi-même comme victime, voire comme martyr, plutôt que de m'avouer bourreau.

Mais la projection n'enraye pas l'angoisse du violent devant sa violence, devant son re-déclenchement comme destruction de l'extériorité ou comme vengeance hyperbolique, étendue au-delà même de celui censé être visé.

Les *formations réactionnelles* enfin : elles désignent ce que les psychanalystes appellent contre-investissement, soit le retournement de sens opposé à un désir refoulé (la « saleté » du maniaque de propreté, la haine dissimulée sous des « assauts » de politesse, le sadisme du juge au masque vertueux, etc.). Ici s'atteste l'infinie plasticité de la pulsion. Dans le vocable freudien, la formation réactionnelle indique le champ dans lequel se construit le discours auto-légitimé de la violence dont les formes et les avatars sont innombrables et parfois très malaisés à défaire.

Ainsi le Moi, dressé selon Freud par la civilisation et le monothéisme, ne renonce pas facilement à sa « défense », au souci brut de soi. Les conflits dans lesquels il a part l'impliquent dans des stratégies détournées d'appropriation de l'extériorité et de l'altérité, de production du même – car en effet ces conflits entre le Moi et le processus de contrainte civilisationnelle, le Surmoi, ne valent dans l'explicitation freudienne que dans leur dimension intra-subjective, comme conflits entre Moi et (Sur)Moi en quelque sorte, même si l'on a affaire à des strates hétérogènes de la structure psychique d'un sujet. Il y a là une différence notable avec Girard. Autour de la mimesis et de la rivalité, la violence ne peut surgir que dans la mise en jeu de moi et d'un autre, ou de plusieurs autres si elle se généralise mimétiquement, et son suspens se produit depuis la fonctionnalité de la victime sacrificielle qui donne naissance au sacré et au social. Les deux démarches cependant, celle de Girard et celle de Freud, opposées sur l'essentiel, sont l'une et l'autre anthropologiques. Elles tentent d'expliquer objectivement les sources et les mécanismes de la violence humaine et interhumaine. Le pessimisme anthropologique freudien n'annule pas tout à fait l'élan du *logos*. Revenons à notre prime question. À défaut d'une *définition* véritablement satisfaisante de la violence, trouvera-t-on un ou plusieurs critères *pratiques* permettant d'y répondre plus ou moins adéquatement ? On peut commencer par remarquer une chose – que Freud et Girard plus encore prennent en compte. L'une des différences marquées entre les récits bibliques d'une part et les tragédies grecques ou les mythes romains de l'autre, c'est que les premiers semblent s'énoncer depuis le point de vue de la victime ou tout au moins depuis la perspective des « figures de la faiblesse », Abel, Joseph, les prophètes assassinés – alors qu'à l'inverse Romulus par exemple qui, dans la version de Tite-Live, tue son frère jumeau n'en voit pas pour autant amoindris ses mérites de fondateur de Cité. Freud est plutôt attentif aux processus de sublimation mis en œuvre dans différents épisodes des récits bibliques, aux nombreuses modalités de conversion de l'hostilité en hospitalité, sur lesquelles je me suis arrêté, de la violence en douceur, du principe de plaisir en principe de réalité. Girard s'attache davantage au statut de la victime innocente et sacrifiée, Jésus par excellence, mais aussi bien, pour lui, Œdipe, puisque la communauté entière le tient pour coupable. Ces anthropologies de la violence font apparaître avant tout à quel point le religieux ou la religion sont au principe de la culture, au sens large d'amortisseur de la violence, et montrent comment le lien social, rapporté à une transcendance, au sacré ou au saint radicalement extérieur au monde des hommes, s'institue comme moyen fonctionnel d'adoucissement, d'apaisement, de pacification et de polissage. La question du critère pratique demeure. Que faire de la violence des humiliés et des offensés ? Comment comprendre qu'une violence puisse être légitime, soit par sa monopolisation par l'État, soit par ce qui la distingue au contraire de toute légalité ? Ces questions ouvrent à la dimension éthique de toute interrogation sur la violence, à commencer par la responsabilité.

CELA QUE JE PEUX VOULOIR TUER

Levinas peut ici entrer en scène en tiers « intervenant », comme entre Kant et Nietzsche. Avec lui j'entendrai cette responsabilité en son sens strict de réponse à un appel. Il ne s'agit donc pas d'une responsabilité au sens juridique, au sens où je suis responsable *de* moi-même, *de* mes actes violents et où je dois en répondre devant un tribunal et selon la loi. Cette responsabilité d'imputation est d'une importance décisive dans la gestion et le règlement des violences et il ne s'agit nullement de suggérer qu'elle serait négligeable, pas plus qu'une morale ne l'est devant l'autre. Cette autre responsabilité – « éthique » – m'oblige à répondre *à*. Avec l'idée freudienne de pulsion de mort, la relation s'établit de moi à moi, via la culture. Pour Girard, la relation s'effectue de moi à l'autre, via le désir mimétique. Dans la responsabilité éthique, la relation, très singulière, procède tout entière de l'autre qui appelle. Je réponds ou je ne réponds pas mais je ne peux guère ne pas entendre l'appel.

Parler ici de sujet expose à un redoutable paradoxe car le « sujet » n'a de sens que par un autre, par une altérité, même (et peut-être surtout) lorsqu'autrui n'est pas empiriquement présent. Cette altérité de l'autre fait qu'un « sujet » est un sujet assujetti. Elle est le pôle premier, constitutif, elle me précède et me précédera toujours. L'expérience de cet appel d'autrui – qui pourra se dire de multiples façons – me tourmente et m'empêche de n'avoir rapport qu'à moi-même, à mes désirs, à ma jouissance, lesquels ne sont nullement par là atténués ou émoussés. Ils apparaissent au contraire dans leur extrême exacerbation « responsable ». Un premier aspect de la violence et de la façon dont un sujet l'affronte se tient là, soit dans *ma* violence désirante et appropriante, dans cette mienneté si banale du désir de meurtre. L'expérience de l'appel et de la violence mienne qui peut toujours l'accompagner comme déni est très quotidienne et très courante : un homme qu'on bat sous mes yeux, une main tendue qui demande, voire commande, qu'on lui donne de quoi manger, une détresse qui s'expose à tout va…

Levinas l'a thématisée sous le méta-concept de visage. Le visage, on l'a dit, n'est pas une forme sensible, belle ou laide, une figure esthétique ou un ensemble de traits physiques. Il se présente à moi en m'assignant à un avoir-à-répondre et s'expose dans sa nudité la plus extrême, la plus fragile et la plus vulnérable, dans son expression qui me « parle », dans sa faiblesse insigne qui me dit « tu ne tueras point ». Ce visage si vulnérable et si faible que le frapper l'anéantit presque et que cet anéantissement est la chose la plus aisée du monde, matériellement et ontologiquement, ce visage m'oppose cependant, et très étrangement, une résistance. Le visage, selon Levinas, c'est exactement cela : ce qui tout à la fois s'offre à ma violence et pourtant me résiste et me commande ; une imploration, une misère, un appel qui arrêtent énigmatiquement mes pouvoirs et ma violence, qui me troublent et m'empêchent, contrairement à la pitié ou à la compassion qui me confortent et me rassurent. Le visage me regarde et, dans ce face à face, je suis incessamment contraint. Tout ce que je peux faire, c'est l'accepter, me soumettre, ou le refuser, dans une violence qui me démet. Je n'ai le choix, dit Blanchot, qu'entre parler ou tuer, qu'entre répondre à l'appel, partager une parole, dire, ou bien annihiler sourdement et muettement.

La violence, saisie autour du visage, est comme double. Il y a la violence meurtrière du refus que je lui oppose jusqu'à l'effacer du monde. Il y a aussi la violence que me fait le visage lui-même, en me soumettant à l'injonction de ne pas s'en prendre à sa faiblesse, de ne pas céder à l'emprise que je peux exercer sur lui. La douce violence du visage fait violence à la violence extrême à quoi il s'expose et à quoi, d'une autre façon, il m'expose moi-même dans ma pulsion meurtrière. Il faudrait encore ajouter une autre dimension de la violence que cristallise dans la pensée lévinassienne le visage. Le face à face, en effet, est porteur d'une violence sourde et terrible exercée à l'endroit de tous les tiers qui n'y ont pas part.

Cette « barbarie sauvage de l'altérité » [1] désigne une troisième strate de violence, celle que l'éthique elle-même peut produire dès lors qu'elle s'excepte de la communauté des égaux. Seule la politique et la justice pourront corriger cette « barbarie » du duo éthique. J'ai déjà explicité ce point. Il indique la grande richesse de sollicitations de pensée, autour de la violence, que charrie la méditation lévinassienne du visage. En effet, foncièrement, le visage est cela seul que je peux vouloir tuer.

Dans *L'espèce humaine*, Robert Antelme raconte que l'expérience concentrationnaire enseignait très vite aux détenus que pour pouvoir espérer survivre, il fallait impérativement se faire sans-visage pour les bourreaux. Si quoi que ce fût, un geste, un regard, un couvre-chef ou une paire de lunettes, venait à lui rappeler la persistance du visage au-delà des formes anonymes auxquelles il était quotidiennement réduit, alors c'en était fini. Je ne peux guère vouloir tuer une chose, on s'en doute. Pour la raison toute triviale que je sais que je peux en envisager l'appropriation sans reste. Alors qu'autrui échappe radicalement à ce savoir pouvoir, ce que la mimétique girardienne inscrit au cœur de la relation à la chose. Et c'est cela que me dit son visage, c'est cela qu'il exprime. J'ai évidemment la possibilité ontologique de le tuer, rien n'est plus facile. Mais cette « banalité du meurtre » s'emporte depuis un retrait ou une découpe qui ne cessent de la rendre problématique. D'une part parce que le visage échappe « phénoménologiquement » à mon pouvoir et d'autre part et surtout parce qu'il me résiste éthiquement. C'est cette ambivalence ou cette équivoque qui se marquent dans le meurtre lui-même et pour le meurtrier. Le meurtre constitue en effet une tentative d'annihilation radicale et sans reste de l'autre, comme une appropriation définitive. Or, dès lors qu'elle s'accomplit, cette tentative se nie. En tuant, l'assassin anéantit ce qu'il voulait subjuguer, dominer et réduire à sa pure merci. La violence du meurtre se distingue à cet égard de la violence haineuse ou sadique. Le haineux veut la souffrance de celui qu'il fait souffrir, souffrance qui, dans le meurtre, lui échapperait. Il lui faut donc maintenir la

1. E. Levinas, *En découvrant l'existence*, *op. cit.*, p. 262.

subjectivité souffrante de sa victime, afin qu'elle sache et souffre de sa souffrance. On pourrait dire, en termes massivement freudiens, que le haineux demeure fixé au stade œdipien et le meurtrier au stade pré-génital.

Ainsi, le visage exprime cette faiblesse d'un être unique, laquelle dit à son tour son extrême exposition à la mort en même temps que l'interdiction de tuer – mortalité, finitude et transcendance qu'à chaque instant et dans les circonstances les plus banales il signifie dans son esseulement qui appelle. L'injonction du visage, le commandement qu'il « dit », « tu ne tueras point », n'est évidemment pas de l'ordre d'une nécessité ni même d'une loi. Rien n'est plus simple que de lui désobéir, de se rebeller et de refuser la place à laquelle il me pose en me déposant. Caïn tue Abel, lequel, dans sa fragilité de « buée », est le Visage même. Il explique, très « rationnellement », qu'il a bien le droit de ne pas répondre (« suis-je le gardien de mon frère » ?). L'éthique, au sens de Levinas, s'engage tout entière depuis une interrogation sourde et douloureuse de l'extrême violence du siècle qui fut le sien. Elle articule de façon singulière la « banalité du meurtre » et pense le « ne pas tuer » jusqu'à la substitution. « Tuez-moi plutôt que de tuer cet enfant » ! s'exclame la bonne mère, la seule vraie mère de l'enfant, devant le roi Salomon dont le jugement s'autorise de cette disposition à la substitution considérée comme critère ultime et sûr. La pensée du visage, en déplaçant les questionnements vers l'autre en tant qu'il en appelle sans discontinuer à ma responsabilité, permet au moins en partie d'interroger la violence hors des schémas plus ou moins sophistiqués de causalité que proposent la plupart des théorisations explicatives et objectives.

La violence se règle souvent sur la possibilité ou l'impossibilité d'une parole, « parler ou tuer » selon l'alternative blanchotienne. Elle effectue un bris de la parole. Le violent, pour des raisons que les sciences sociales ou la psychanalyse peuvent peut-être partiellement expliquer, ne parvient pas à parler, comme s'il ne pouvait accéder, au moins momentanément, à cette dimension que les Grecs déterminaient déjà comme spécificité humaine tranchant sur la simple *phonè*. Mais la pensée du visage dit encore tout autre chose :

ne parlant pas, le violent n'entend point, il n'est lié par aucune parole et, du coup, il est délié de toute réponse de responsabilité, il n'est l'obligé d'aucune « parole », au sens de la tradition juive des « dix paroles ».

La violence consiste par ailleurs en une visée d'appropriation, de contrôle et de domination. Le violent tend à se rendre maître d'une différence insupportable, la différence du visage, la différence sexuelle, la simple singularité de tel ou tel. Comme il ne peut parler, sa violence visera à détruire tout langage en tant que vecteur vivant de ces différences. Toute construction langagière fondée sur l'articulation de la différence lui paraît donc devoir être violentée ou détruite. Philosophiquement, on pourrait dire que la violence, c'est le refus de la vérité (de la différence). Sous cet aspect, le vrai contraire de la vérité n'est pas uniquement l'erreur, laquelle, inscrite dans un discours, s'ouvre à son auto-rectification, mais son devenir-violent. L'erreur peut en effet se refuser à l'épreuve du sens partagé, c'est-à-dire à l'endurance d'une parole ou à la patience du langage. Alors elle se fige en un acte négateur de son autre, une violence dont il me semble que le terrorisme qui nous frappe fournit la désastreuse illustration. Dans la violence exercée, il y a bien souvent une incohérence douloureuse associée au déni très radical de l'altérité d'une position, d'une hypothèse, d'un appel, d'un engagement en attente d'une réponse.

À chaque fois qu'on inscrit la violence dans des chaînes d'intelligibilité, à chaque fois qu'on en rapporte les contenus à des origines, des causes et des circonstances, comme font les experts sur les plateaux de télévision, se produit ou risque de se produire un certain effacement catastrophique de la victime, et ceci vaut individuellement et historiquement. Le violent, en règle générale, n'est pas celui qui n'a pas entendu l'appel (pour Levinas, cet entendre fait le fond de toute subjectivité). C'est celui qui, l'ayant entendu, non seulement n'y a pas répondu, ce qui est le cas du tout-venant devant le « premier venu », mais va jusqu'à faire taire la stridence de cet appel. D'une certaine façon, le violent entend l'appel insupportable avec une intensité plus grande que d'autres. De cette non-réponse, de cette irresponsabilité, il entend après-coup répondre, comme

Caïn – ce qui est l'attestation, mais trop tard, de l'impossibilité de se dérober. C'est là que la parole reprend et se reprend dans l'horizon d'un déseffacement de la victime : la parole du violent lui-même, la parole de la victime sur la violence subie autant que sur la parole du violent sur sa violence. Par cette parole interrompue par la violence et par sa reprise et sa circulation peuvent se disposer les processus du pardon, de la réconciliation et de la réparation ou bien la haine peut encore trouver à s'y redire. Sur le plan politique, la Commission sud-africaine *Vérité et Réconciliation* fournit un exemple éloquent de ces difficiles reprises et réparations, lesquelles ne sauraient à aucun moment exclure la répression comme rappel au principe de réalité.

On pourrait dire qu'est violente toute violence faite à un visage, au sens strict qu'on vient de présenter, toute violence faite à une victime avant même l'acte qui la produit – où l'on voit bien la différence entre régime « éthique » et régime juridique de la « morale ». Le visage, la victime et la vulnérabilité ne désignent pas en effet des personnes déterminées ni même des positions structurelles. N'importe qui, n'importe quand, n'importe où, peut s'y trouver. La fluidité est permanente, transindividuelle et transhistorique. C'est que la faiblesse dont j'ai parlé n'est pas physique, pas davantage que la force qui pourrait la mettre à mal. La violence ne peut être pensée qu'à partir de mes propres potentialités meurtrières, voilà le fin mot, sur cette question, de la pensée du visage.

On parle souvent de la peur de l'autre. Il convient d'en inverser le signe pour mieux la comprendre. Cette peur de l'autre qu'on invoque pour expliquer telle ou telle « incivilité », telle ou telle violence, tel ou tel assassinat, est peur devant l'autre qui me fait face et peur devant le visage, peur de le mettre à mort – peur pour l'autre, donc, mais peur pour l'autre depuis la peur de ma propre commission de violence. Ce double mécanisme peut certainement servir à désigner une sorte de noyau originaire de la violence à partir de quoi la plupart de ses formes si diverses et si nombreuses se laisseraient au moins *situer*.

UN CRITÈRE PRATIQUE

La question de la violence et de ses complexités que le Visage permet non pas de dénouer, ce n'est pas son affaire, mais de situer, relève, dans la perspective esquissée dans ce livre, d'une hubris du Deux. Le Deux tend le plus souvent à s'estomper jusqu'à s'indifférencier dans un floutage qui ressemble au Un, à la nuit où toutes les différences sont grises. Rappeler l'exigence, au moins analytique, du Deux des « deux morales », peut valoir comme *critère pratique* négatif, règle minimale de l'agir : d'une part, ne pas tenir le visage et se tenir devant lui comme devant n'importe quel citoyen, mon égal, mon alter ego, car alors l'instance éthique, celle où je me retrouve comme ayant toujours déjà à répondre, serait immédiatement court-circuitée par l'État et ses institutions ; d'autre part ne jamais croire pouvoir imposer dans la sphère de la multiplicité ce régime asymétrique de l'éthique du face à face, car alors la violence est assurée.

Peut-on en effet imaginer une effraction éthique, c'est-à-dire *une exception* par où le Visage n'est ni ne sera jamais le même que les Tiers, et une exception qu'on puisse faire valoir à même la demande de justice – et donc d'égalité de traitement, d'objectivité, d'universalité ? Ce serait comme innerver la justice elle-même par une injustice. Telle « éthique » étendue à Tous sans Visage serait d'une violence inouïe. À vrai dire, une pareille « éthique » « politique », si tant est qu'elle ait la moindre consistance, ne serait que ressentiment nihiliste et en fin de compte refus violent de toute politique, de toute trans-action. Rien n'est plus redoutable que les politiques « morales » c'est-à-dire les politiques qui s'énoncent et se projettent comme des morales en acte, morales de l'indignation naguère, morale de l'insoumission aujourd'hui.

Voilà pourquoi « il faut » autre chose que « l'éthique », il faut sa trans-action, soit pour le dire lapidairement, *il faut la politique*, laquelle, je l'ai montré au long de ces pages, ne saurait évidemment régir la relation à deux. Il faut l'au-delà du Deux, tout comme il faut à rebours l'au-delà du Droit.

INDEX NOMINUM

TABLE DES MATIÈRES

Achevé d'imprimer le 27 février 2019
sur les presses de
La Manufacture - Imprimeur – 52200 Langres
Tél. : (33) 325 845 892

N° imprimeur : 190212 - Dépôt légal : mars 2019
Imprimé en France